PUR
CHA
SE

感官
购买力

希文◎主编

中华工商联合出版社

图书在版编目（CIP）数据

感官购买力 / 希文主编 . -- 北京：中华工商联合出版社，2021.1（2024.2重印）
ISBN 978-7-5158-2952-4

Ⅰ．①感… Ⅱ．①希… Ⅲ．①销售—方法 Ⅳ．① F713.3

中国版本图书馆 CIP 数据核字 (2020) 第 235851 号

感官购买力

主　　编：希　文
出 品 人：李　梁
责任编辑：吕　莺
装帧设计：星客月客动漫设计有限公司
责任审读：傅德华
责任印制：迈致红
出版发行：中华工商联合出版社有限责任公司
印　　刷：三河市同力彩印有限公司
版　　次：2021 年 4 月第 1 版
印　　次：2024 年 2 月第 6 次印刷
开　　本：710mm×1000 mm　1/16
字　　数：217 千字
印　　张：13.25
书　　号：ISBN 978-7-5158-2952-4
定　　价：69.00 元

服务热线：010-58301130-0（前台）
销售热线：010-58302977（网店部）
　　　　　010-58302166（门店部）
　　　　　010-58302837（馆配部、新媒体部）
　　　　　010-58302813（团购部）
地址邮编：北京市西城区西环广场 A 座
　　　　　19-20 层，100044
http://www.chgslcbs.cn
投稿热线：010-58302907（总编室）
投稿邮箱：1621239583@qq.com

前言

古代有"一言以兴邦，一言以丧邦"之说，而今天，同样也有"一句话可以让人笑，一句话也可让人跳"，这些话说的就是语言的特殊作用，就是会说话与不会说话的区别。可见，能否把话说到对方心里，是影响事情成败的重要因素。

学过历史的人都知道，春秋战国时期，各诸侯国之间为了各自的利益，不断攻伐，战事频仍。但这个时期也涌现出了不少以雄辩闻名的外交家、纵横家，他们用自己那三寸不烂之舌，周旋于列国之间，挽狂澜于既倒，弭战事于无形。用自己的"言论"报效国家。

而在现代社会，更离不开良好的口语表达。你知识学得再好，要是不能把话说到对方心里去，让别人认同你，一切仍是枉然。在拥有渊博的知识之外，还需要一副出色的口才，才能为你自己的事业打开局面，进而获得成功。

作为推销员，一旦学会如何把话说到对方心里，便能顺利地约见客户、争取到推销产品的机会，最终说服客户做出购买的决定。为此，可以毫不夸张地说，是否"会说话"，可以直接影响到销售的成败。

希望销售人员通过阅读本书，能学会如何把话说到客户的心里，让自己的事业如虎添翼，如愿以偿。

目录

第三章　感观刺激，突破顾客心理防线

第四章　戳中感观痛点，把握顾客真正需求

第一章

巧妙运用感观之力，一开口就"黏住"客户

"遇什么样的人说什么样的话"，说起来简单，做起来难，推销中更是难上加难。在未能吸引准客户注意力之前，业务员都是被动的。这时候，不管你讲什么，客户都未必被你打动。所以，在恰当的时候应设法吸引客户的注意力，这样，取得谈话的主动权之后，再进行下一个步骤。

推销中要明白，客户也希望成为胜利的一方。推销员要发挥"搭讪"技巧，以尊敬与友善的态度面对客户。干练的推销高手能让客户充分体会到他内心的情感，以至于客户一开始就被他"粘住"，在最后售卖阶段能够成交。

进行简短的自我介绍

推销员要想成功的推销产品，首先要成功推销自己。一般情况下，客户都不愿将时间浪费在一个自己不喜欢的人身上，那么，他又怎么愿意买你推销的产品呢？因此，首先做个简洁的自我介绍更为重要。

在现实生活中，有些人说话爱绕弯。一句话能说完的说了十句还说不到正题，能一个小时说完要说半天。还有些人有时为了炫耀自己的能力，甚至会故意地把简单的问题复杂化，把本来可以说短的话说长。所以，如果推销员采取这样的说话方式，就会招致客户的厌烦。

清代画家郑板桥有诗云："削繁去沉留清瘦，画到生时是熟时。"说的是画竹需要的化繁为简的能力。其实，不单是作画，人要培养自己简洁说话的能力，需要说话时"删繁就简"，一语中的。因此，爱长篇大套说话的推销员需要培养自己简洁说话的能力。

具体来说，可以从以下几方面做起：

（1）直奔主题

当你想发表观点时，不妨直奔主题，不用先说许多无用的铺垫话，如国家的什么政策，原文是什么，是哪天下发的等等，你完全可以直接说，"我想向你们介绍一下这种产品的优势……"之后围绕主题，进行尽可能简洁的表达，不要做节外生枝之事。

（2）学会概括

概括就是用凝练的语言，提纲挈领地把问题的本质特征描述出来，让对方能够很快了解自己说话的意图。

要锻炼自己这方面的能力，可以找一段文章，对文章大意用尽量简短的语言表达出来。另外，在说话时，要锻炼自己迅速选好角度、组织语言的能力。这样慢慢锻炼，就会有成效。

（3）多用短句，少用长句

简洁的语言一般都很通俗明快，因此在句式运用上，说短句更受欢迎。因为长句一般听起来比较费劲儿，而若要追求辞藻的华丽、句式的工整，句子必然会拖沓冗长。因此，推销时要多用短句，这样表达，效果明快、活泼有力，还可以表现出激动的情绪、坚定的意志和肯定的语气。

（4）学会应急

有时，客户事务繁忙，顾不上听你细说，此时就需要三言两语说明情况。简明扼要的话语，能显现特有的锋芒。

比如，在拜访客户时可以这样说："请您给我3分钟的时间听我介绍一下，3分钟一过我就走。"这样既没有打扰客户的时间也达到了自己拜访的目的。平时可以有意识地锻炼自己在各种紧急场合下的语言表达能力。

现代人生活节奏较快，没有人喜欢听长篇大论。因此，推销员要锻炼自己简单说话的能力，这样才会受到客户欢迎。当然，简洁不等于含糊不清，简洁还要说出重点。这也是推销员口才能力和逻辑思维能力的证明。

开场白必须引起客户的兴趣，要让客户明白你是谁，你想做什么，你做这件事对客户有什么好处。一般来说，我们可以用如下方式进行开场白：

1. 开门见山

直截了当说明意图。如："××，你好，我是某某公司的置业顾问 ××，打扰你了，我们公司在做一次市场调查，能否请你帮一个忙"；

2. "借梯上墙"

在说明来意，被对方明确拒绝后，要借机为下一次沟通留下伏笔。这样能取得客户心理上的同意，营造出一种熟悉的氛围，因而不易被拒绝。如打电话沟通李小姐："你好，我是某公司的 ××，我们想做一次市场调查，能否请你帮个忙？"当客户回答说没空的时候，必须马上接口："那我一个小时后再打给你，谢谢"！然后挂断电话，造成一种客户默认的事实。你下次再打过去的时候，相信气氛就会缓和多了。

3. 朋友介绍

一般来说，经过朋友介绍的，客户都不太容易生硬地拒绝，沟通气氛会比较友好。但切记，不可自作聪明冒充他人的朋友，否则极容易露馅；

4. 故作熟悉

假装认识对方，把对方当作老客户，在友好的问候过后，开始介绍自己的产品，一定要在对方对自己身份进行质疑之前把话说清楚，然后再自承失误，借机问问对方的看法。

要想见面时说话简短且有意义，先前的准备少不了：

如果推销员出门丢三落四，不是忘了计划书就是忘了拿产品资料，见到客户，只能尴尬地向客户道歉："不好意思，资料没带上，计划书忘拿了，我下次带来给您看行吗？"客户能说什么呢？也许他什么也不会说，直接叫你走人。

更糟糕的一种情况是，推销员如果出门连路费都没带够，到时候还得向客户借钱。换位思考一下，如果你是客户，又将如何。

还有些情况，比如，需要签字的时候没有笔，需要沟通的时候忘了电话，还有的推销员竟能将客户的姓氏搞错。如此马马虎虎的人，谁敢跟你合作？

类似上述例子不胜枚举，最后导致功亏一篑那是必然的，客户的口碑对推销员今后的工作影响极大，也许，某天你就会发现，你的推销工作根本进行不下去。

为了避免上述事故发生，给客户一个好的开场白，留下个好印象，同时更有计划地进行推销，确保自己充分地做了准备，非常重要：

第一，自己随身携带的物品包括手机、钱包、名片、通讯录、计算器等，都是一位推销员的必带宝贝，通俗的说是你"吃饭家伙"。

第二，客户名单、产品价格表、说明书、合同书、样品等一定要带齐，不要忘记你是去干什么的。当然也可以带上一些小礼品，作为沟通感情的小小媒介。

第三，除了上述的准备，精神上的准备更是极为重要，首先要在脑海里构思一下洽谈现场，推测客户可能提出种种问题，以及如何回应。在什么时候说什么，把客户带入交易进程中来，还可以准备一些成功的案例故事增加信服程度。总之，事事想到客户之前，让客户省心，让自己顺利。

第四，对客户的需求要有底，可以通过查阅或侧面打听，这样做可降低交易风险。

第五，弄清楚客户公司的组织构架及人力资源配置，比如搞清楚是什么部门，什么人在与你对接，是不是业务的决策人物。

第六，了解客户的经营模式，弄清其上下游产业链，等到面对客户时，就能做到有的放矢，句句话都直击客户内心。

第七，合理统筹拜访时间，减少时间精力的浪费，客户时间宝贵，推销员的时间也很宝贵。

第八，如果不去拜访客户，那就多多联系他们，平时顺带整理一下客户资料，对客户的意见和建议进于归纳和整理，找出自身的不足，以及对市场进行认真分析。

正确领会握手的礼仪

在当今的社交场合中，握手可以表达欢迎和惜别、喜悦和感慨、祝贺与支持、谅解与化解矛盾等等意愿。

但是，握手有时候也是有学问的，握手能否成功与否，取决于怎样握、何时握及在何地握。

从交际礼仪上来讲，握手有一个重要的问题，就是伸手的先后顺序。礼仪是人际交往中的行为规范。所以在比较正规的场合中，人和人握手谁先伸手是有标准化做法的。两个人同时伸手概率不高，总有一个先发起者。

当然，要和人家合作，没必要端架子，真正懂得社交礼仪的人还是强调平等和尊重的基本原则的。如果了解礼仪，礼仪才会发挥出更加优雅的风度。在一般性的交往应酬中，握手的标准伸手顺序应该是：

1. 地位低与地位高的热人，地位高的人先伸手；

2. 男人和女人握手时，应该是女人先伸手，女士有主动选择是否有进一步交往的权利；

3. 晚辈和长辈握手，应该是长辈先伸手；

4. 上级和下级握手，应该是上级先伸手；

5. 老师和学生握手，应该是老师先伸手；

6. 客人到达时，主人先伸手；

7. 客人告辞时，客人先伸手；

8. 个人和群体握手时，应该遵循"由尊而卑"，由近而远的原则。

握手礼仪之中，手位也是有讲究的，就是手伸出来的伸法。一般情况下，标准化的手位应该是手掌与地面垂直，无论是掌心向下还是向上的手位都是不可取的。掌心向下给人一种傲慢的感觉，自认为是大人物，"俯视芸芸众生"。掌心向下只有交警指挥交通时才会见到。掌心向上虽然表示谦恭，但平时最好别伸，有"乞讨状"之嫌。而双手同时握住对方的手的手位，在专业讲法叫"手套式握手"，又叫"外交家握手"。

除非是熟人之间表示故友重逢、认真慰问或者热情祝贺，一般人不应用这种方式，尤其是对异性。比如，用一只手去握对方的一只手，手掌要握着对方的手掌，而不是握手腕，也不要仅仅握对方的手指部分。

握住时有一些禁忌是需要注意的：最重要的禁忌是，心不在焉，不看着对方，甚至是与旁边的人聊天，心不在焉的握手不如不握；还有忌左手：一般性握手，尤其跟外国人握手，要注意他们握手的礼节。

名片的使用有利于推销

名片起源较早，在先秦时期人们就已经开始使用竹木制的"名片"，汉初称"谒"，六朝称"刺"，唐朝称"名帖""名刺""名纸"，宋朝称为"门状"，到明清通称为门状、名刺和名帖。名片虽然小，不过方寸之间，但其中的学问却也是深奥的。

名片之所以在现代社会中得到广泛应用，是因为它使用起来简便、灵活、文明，能适应现代社会人际交往十分频繁的需要，因而成为现代交际的一种工具。现今，根据名片的用途可以分为交际类名片和公关类名片。

交际类名片用于社交场合，较多地展示个人信息，个性化设计的空间较大，除了印上基本内容，也可以印上单位或组织的信息。推销员大体都会做这种公关类名片，正面一般是自己的基本情况，背面印上自己公司情况和经营范围等，主要作用是交流和宣传。

名片使用虽然广泛，但对于现代人来说，又有什么样的作用呢？首先，它具有自我介绍的作用，初次见面，用于通讯和保持联络；其次，名片可以替代便函，用来对友人表示祝贺、感谢、介绍、辞行、慰问、馈赠以至吊唁等多种礼节；有时候名片也可以替代礼单，向友人寄送或托送礼物或鲜花时，附上名片并写上祝贺短语，自己收到友人的礼品，可立即附一张名片，以表示感谢；同时，名片还用于通报和留言，拜访友人时，若被访人系尊长，可在名片的姓名下方写上"求见""拜谒"字样，转行顶格起写上对方姓名称谓。

若被访者不在家，可留下一张名片，上面写一句"很遗憾，未能一见""很遗憾，来访未晤"等，也是种很友善的表示；当然，名片使用还有业务宣传的目的，在进行业务往来时，名片是公司的招牌，具有类似广告的作用，可使对方了解自己所从事的业务；最后，名片用于通知变更，一旦调任、迁居或更换电话号码后，送给至亲好友一张注明上述变动的名片，等于及时而又礼貌地打了招呼。

当然，正确使用名片也是有一定"规矩"的，常常有推销员因为一张小小的名片，而耽误用了大事，因此，推销员一定要记住：

1. 交换名片应该在与人初识时自我介绍之后或经他人介绍之后进行；

2. 一般是地位低的人先向地位高的人递名片，男性先向女性递名片，出于公务和商务活动的需要，女性也可主动递出名片；

3. 当对方不止一人时，应先将名片递给职务较高或年龄较大的人；如分不清职务高低和年龄大小时，则可依照座次递名片；应给对方在场的人每人一张，以免厚此薄彼；

4. 如果自己这一方人较多，则让地位较高者先向对方递送名片；

5. 递送名片时，应面带微笑，正视对方，将名片的正面朝着对方，恭敬地用双手的拇指和食指分别捏住名片上端的两角送到对方胸前；如果是坐着，应起身或欠身递送，递送时可以说一些"我叫×××，这是我的名片，请笑纳"或"请多关照"之类的客气话；

6. 如果同外宾交换名片，可先留意对方是用单手还是双手递名片，随后再跟着模仿；

7. 接受他人名片时，应起身或欠身，面带微笑，恭敬地用双手的拇指和食指接住名片的下方两角，并轻声说"谢谢"；

8. 接过名片后，应十分珍惜，并当着对方的面，用 30 秒钟以上的时间，仔细把对方的名片"读一遍"；索取他人名片时，可以婉转地说："以后怎样向您请教？""以后怎样同您保持联系？"如自己无意送人名片时，可婉转地说："对不起，名片未带。"

"自言自语"引话题

在推销场合，大家都互不认识，这时一句"今天天气真热"之类的自言自语往往能成为交谈开场的引子。从而使你与顾客间产生一种默契，使顾客对你及你的产品产生兴趣，从而使推销成功。"自言自语"是推销员在不认识人的情况下常用的自我介绍技巧。

有一位推销员到乡村去推销电磁炉。由于当时农村大多采用的还是烧火煮饭，根本不知道电磁炉的用处。只见这位推销员走进一家炊烟袅袅的农家，在厨房里一边帮主人烧火，一边感慨道：

"要是不用烧火饭菜就能饭菜熟该有多好啊"。

主妇笑起来："天下哪有这样的好事啊。我们祖祖辈辈都是这样生火做饭的"。

"有啊。"推销员见时机成熟，就拿着带来的电磁炉说："我这电磁炉烧菜煮饭就不用生火烧柴，你不信的话，我可以给你试试看"。

说完，他忙着放水，插电源，同时又向主妇介绍原理和使用方法。饭煮好后，主妇尝后，味道很好。推销员借机说："更好的是，用这个煮饭你不用再旁边守着，可以定上时间，去休息或是干别的事情都可以"。

主妇做梦也没有想到，竟然会有这种既方便又实用的东西，而且操作简单，物美价廉。于是想从繁忙厨房食物中解脱出来的主妇，当即决定买下一台电磁炉，并且还跑到左邻右舍去做介绍，成了义务推销员。

"自言自语"一般借助推销人员的自我表现，如果你没有十足的把握，一旦有准客户在场，可以说两句，引起有识者的注意。

战国时客寓孟尝君处的门客冯谖，靠几次弹剑高歌式的自言自语："长铗归来乎"而引起孟尝君的注意。

现今，仿效古人引起人们注意的大有人在。一位著名话剧演员年轻时投考戏剧学院，而报名时间已过，他灵机一动在考场外自己引吭高歌起来，从而引起了主考老师的注意，这才得以走上剧坛。因此，推销人员大可不必看轻自言自语和自我表现，因为它在推销中常常具有许多其他手段都没有的优点。

"自言自语"也是一种主动输出信息的好办法。《水浒传》中的宋江，曾经好几次要死于非命，全靠他那句自报家门式的自言自语："可怜我宋江公明……"才使别人了解他的身份，最终屡屡死里逃生。

所以，如果你陷入困境，旁边又无熟人，说好"自言自语"，再配上应急的表情，也许会招徕热心人为你排难解忧。

用非语言信息说话

交际能力也体现在语言以外的地方，美国传播学家艾伯特·梅拉比安曾提出一个公式：信息的全部表达 =7% 语调 +38% 声音 +55% 肢体语言。推销员拜访客户时，一定要多多运用"非语言信息"，帮助自己顺利成交。

那么，推销员使用那些"非语言信息"交流呢？有哪些事项需要注意呢？

1. 目光的接触

目光接触是人际间最能传神的非语言交往。"眉目传情""暗送秋波"等成语便形象说明了目光在人们情感交流中的重要作用。

在交谈的过程中，听者应该是看着对方，表示关注。而讲话者不宜在迎视对方的目光，除非两人关系已经密切到了可直接"以目传情"的程度。讲话者在说完最后一句话时，才可将目光转移到对方的眼睛上。这是在表示一种询问："你认为我的话对吗？"或者暗示对方"现在该轮到你讲了"。

推销学家在一次实验中，让两个不互相识的人共同讨论问题。预先对其中一个说，他的交谈对象是一个研究生，同时却告知另一位说他的交谈对象是一个高考多次落榜的中学生。观察结果表现，自以为自己地位高的人，在听和说的过程中都充满自信地不住地凝视对方。而自以为地位低的人说话就很少注视对方。

2. 衣着打扮

美国有位营销专家做过一个实验，他本人以不同的打扮出现在同一地点。当他身穿西服以绅士模样出现时，无论向他问路或和他聊的人，大多彬彬有礼，而且几乎都是绅士阶层的人。当他打扮成无业游民时，接近他的多半是流浪汉或是来找点烟的人。

衣着本身是不会说话的，但是人们常在特定的情境中以穿某种衣着来表达心中的思想和建议的要求。在推销交往的过程中，人们总是恰当地选择与环境、场合和客户相称的服装。

为此，推销员在拜访客户时，要先检查一下自己的穿着。这样当客户见到你时，得体的穿着会让客户的心情放松。

3. 身体姿势

推销员的身体姿势会体现出他特定的态度。人身体各部分的肌肉如果绷得太紧，内心会十分紧张、拘谨。与地位高于自己的人交往，更是如此。

推销大师原一平认为：身体的放松是一种信息传播的行为。在向后倾斜15度以上是极其放松的状态。人的思想感情会从体势中反映出来，略微倾向于对方，表示热情和兴趣。微微起身表示谦恭有礼。身体后仰，则显得若无其事和轻慢。侧转身子，则表示嫌恶和轻蔑。背朝人家，则表示不屑理睬；拂袖离去，则是拒绝交往的表示。

推销员如果在推销产品的过程中，想要给客户一个良好的印象，那么首先应该重视与客户见面的姿态表现。如果推销员和客户见面时耷拉着脑袋，无精打采，客户就会猜想也许自己不受欢迎。如果推销员不正视对方，左顾右盼，对方则可能怀疑你是否有交谈的诚意。

4.巧送礼物

礼物的真正价值是不能以经济价值衡量的，礼物的真正价值在于沟通了人们之间的友好情谊。人们通过赠送礼品，会保持彼此之间的交往。

在推销过程中，赠送小礼物是免不了的。比如，向对方赠送小小的礼物，可增添友谊，有利于巩固彼此的交易关系。那么礼物大概多少钱才合适呢？在大多数情况下，不一定是贵重的礼物会使受礼者高兴；相反，可能因为所送过于贵重，反而使得受礼者觉得过意不去，倒不如送点富于带情感的礼物，更会使销售对象欣然接受。

5.微笑

微笑如同一剂良药，能感染你身边的每一个人。没有一个人会对一位终日愁眉苦脸、深锁眉头的人产生好感，能以微笑迎人，让别人产生愉快情绪的人，是最容易争取到他人好感的。

微笑来自快乐，带来快乐也创造快乐。在推销过程中，推销员微微一笑，让客户发自内心获得这样的信息："我是你的朋友"。

微笑虽然无声，但是说出了许多意思：高兴、欢悦、同意、尊敬。作为一名成功的销售员，请时时处处将"微笑写在脸上"。

信息的准备要做到位

你和客户不可能一上来就进入主题，往往客户会有意先谈别的，你若心急，立刻谈生意，客户会觉得你没有生活趣味。

一位销售代表在参加他们部门的销售会议时中，他的主管通知他开始负责《上海晨报》，《上海晨报》是华东地区最有影响的报社之一。会议后，销售代表开始做销售的计划和准备。谁负责计算机的采购？应该与谁联系？最近有采购吗？什么时间？谁做决定？他首先必须知道这些最基本的客户资料后，才能与客户接触。但是《上海晨报》是一个全新的客户，应该怎样收集这些资料呢

首先，销售代表来到《上海晨报》的网页上，了解报社的组织结构、经营理念、通信地址和电话，然后把这些资料记录到文件夹中。

他还有老客户，所以他又打了几个电话，了解报业的计算机系统以及编辑排版系统和记者采编系统。

接着，他从邮件中找到了市场部定期发送给每个销售代表关于最近市场活动的时间表，发现两周以后将会有一个新产品发布会在上海商城举行。所有的准备工作结束后，这位销售代表拨通了《上海晨报》与他联系的人电话。

由于准备充分，很快便谈到对方的兴趣点上，最好顺利的预约成功。

机会总是留给有准备的人的，做一个有准备的人，做事就会成功。

三流的推销员如果有一流的准备也会成功，因为凡事预则立，不预则废，推销员不但要有无畏的勇气，而且必须具有细致的规划，正所谓胆大心细，否则，不但闹出笑话，成交的希望更是付诸东流，而且客户对你的第一印象会大打折扣，甚至从此之后再也不愿意与你发生任何接触。粗心大意的推销员谈不成客户。

你可能认为自己从事销售工作，对客户情况已经知道得很多了。但是如果你真正开始收集客户信息，你就会惊讶地发现还有那么多你不知道的事，商场如战场，所以，对客户的各种信息的进行收集、整理、剖析，能知己知彼，百战百胜。主动权会握在你的手中，你越是了解客户，就越能判断出他的问题所在，也就越能拿出解决问题的产品和服务，会更有效地进行沟通，产品也就更能顺利的推销出去。

王永庆在米店做学徒工的时候，他的本子上就详细记录了每位顾客的资料，比如：一家多少人、一个月吃多少米、什么时候发薪水等。算算顾客家的

米该吃完了，他就送米上门，而等到顾客发薪水的日子，他再上门收钱，就这样，他的米店口碑越来越好，生意越来越红火。

推销员应该最大程度去了解客户：他们面临什么商机、竞争环境如何等，还要分析市场发展和市场定位。一位负责任的推销员，必须了解客户的商机和竞争环境，它能帮你想到提高客户竞争力的产品和服务。不了解客户的竞争环境，对客户的了解就不完整。另外，推销员还要了解客户的客户和竞争对手，多数公司的产品在到达终端用户手中之前至少要经过一到两个甚至三个中间人。那么，你的客户要把产品或服务卖给谁？真正的买主需求是什么？只有对这两者有所了解，推销员才能对市场有所把握。

推销员最好还要懂得大客户的企业文化。每个企业都有自己的文化，你了解了大客户的企业文化是什么，谈判起来就比较容易。

"搭讪"不同性格的客户

有句谚语："到什么山唱什么歌，见什么人说什么话"。生活中的人是各种各样的，因此，心理特点、脾气特点、语言习惯各不相同，这就决定了对语言信息的要求是不同的。所以，作为一名出色的推销员要想"搭讪"不同性格的客户，"得见什么人说什么话，"不能用统一的通用的标准语的说话方式来交流。

1. 沉默型的客户

沉默型的客户金口难开，沉默寡言，性格内向。在同他谈生意的时候，对于推销员所说的话，他们总是瞻前顾后，毫无主见，有时即使胸有成竹，也不愿意贸然说出。

但这类顾客往往态度很好，对推销员很热情，即使推销员唠唠叨叨，也决不采取拒绝的态度，只是满面笑容，彬彬有礼，但是很少话语。推销员此时一定要让他先开口说话。但怎样让对方先开口呢？这就要看推销员的沟通功夫了。

例如，你可以提出对方乐意回答的问题，也可以提出对方关心的话题等等。和这种人打交道一定要耐心，提出一个问题之后，即使对方不立即回答，也要礼貌地等待，等对方开了口，再说下一个问题。

2. 冷淡型的客户

冷淡型的客户可能对于推销员的来访，就连一般的寒暄语都没有，摆出一副"你来干什么"的神色。上门拜访时，也会闭门不见，经常受冷遇。推销员如果走进他们的办公室，同样也会收到冷语相待。对待这类顾客，推销员的谈吐一定要热情，无论顾客态度多么的令人失望，也不要泄气，要主动地真诚地和他们打交道。

3. 慎重型的客户

慎重型的客户办事谨慎。他们在决定购买以前，对商品的各个方面都会做仔细的询问，等到彻底了解和满意后才会下最后的决心。而在他下决心以前，又往往会与亲朋好友商量。对于这样的顾客，推销员应该不厌其烦地、耐心解答顾客提出的问题。说话时态度要谦虚恭敬，既不能高谈阔论，也不能巧舌如簧，而应该以忠实见长，朴实无华，直而不曲，话语虽然简单，但言必中的，给人以敦厚的印象，尽量避免在接触中节外生枝。

4. 自高自大型的客户

自高自大型的客户主要分为两种：一种确实是有某些资本，故而揣着架子；另一种人连资本都没有，装腔作势借以吓人。

他们摆架子的目的无非是虚荣心在作怪，要别人承认他们的存在和地位。这类人在生意中经常反驳推销员的意见，同时吹嘘自己。

对于这种人，推销员要认真倾听，对于他们提出的意见不要作正面冲突。等他们讲够了的时候，再巧妙地将他变为"听众"，让他们倾听你的话。

5. 博学型的客户

推销员在推销的过程中，如果遇到真才实学的，也就是博学型的客户，你不妨从理论上谈起，引经据典，使谈话富于哲理色彩，言词应含蓄文雅，既不以饱自居，又给人留下谦虚好学的印象。你甚至可以把你要解决的问题，作为一项请求提出，请他指点迷津，把他当作良师益友，就会取得他的支持。

6. 见异思迁类型的客户

在遇到见异思迁类型客户时，如果心情舒畅时他们会非常热情，甚至会使你感到不好意思；但当他们忧郁时，就会冷若冰霜，给人一种难以琢磨的感觉。对待他们最重要的是给予理解，把握他们的心理，开展推销。例如，当对方的情绪不高时，假如你能让他倾吐内心的不满，从而使他摆脱心理上的压力，对你的推销工作将大有好处。

总之，对待不同性格的人，要采取不同的说话方式。因人施法，恰到好处，这样推销产品才能成功。

电话交流的利弊

在如今快节奏的世界里，我们很少有时间能进行面对面的会谈。你一般会采取快捷方式，比如发电子邮件或者网上聊天，这会对你的说服力产生什么样的影响呢？

据统计，许多推销员在电话拜访客户时成功率都较低，甚至远远低于正常水平。其中最主要的原因就是没有注意电话沟通的方式，比如说询问。巧妙的询问在拜访客户时显得尤其重要。它可以让你在短短几分钟时间，快速了解一个客户的实际需求，以及他们现在想找什么样子的新牌子或产品等，这些重要信息都有助于一个推销员制定、修正自己的谈判策略，提高拜访客户的成功率。

为此，在使用电话拜访客户时，需要注意四个步骤：

1. 善于把握主动权和询问时机

有的推销员在接客户电话或者拜访客户时，经常被对方"反客为主"：客户对自己公司的一切情况包括合作条件等，都了解清楚了，推销员却不知道客户公司的主要业务是什么，以及有关合作的真实想法和实际需求等。

因此，为了避免这种情况发生，推销员要善于把握发问的主动权，在完全掌握对方的信息之前，如果对方欲了解详细的合作细节，推销员则要避免谈及细节，可"粗线条"地问几句，然后在回答的时候话锋一转继续向对方发问。

2. 说出自己所在公司的名字

如果你给一家公司打电话，只是机械地说："早上好，李先生，我是××保险公司的小张"。对方可能不知道你是谁，或者不知道你们公司具体是做什么的。为此，对方可能无法做出你所期待的回应，而你也可能没有做进一步解释的机会。这次电话沟通也就可能无疾而终。所以一开始，你必须在电话里做出简单介绍，或者说是利用广告宣传本公司。

例如："早上好，王先生。我是××保险公司的张小平，我们公司负责为您的人生理财做出具体的规划，现已经有几百万多万名人员已经在我公司受益。"

3. 进行认证性或征询性的阐述

在拜访电话中如果加上一句询问性的话，可以使对方有机会以你想要的相应方式回答你。这一问题必须是以你打电话给对方为基础的。

在这里，认证性或征询性的问题必须是所说内容简单而又符合逻辑延伸，例如，最好的表达方式为：

"王先生，我相信您会和我们合作过的人员一样，希望拥有更高效率的人生理财规划吧？"

对方可能会说："是的，我很感兴趣。"

接下来就可以和对方约定见面的时间和其他事宜，而这次拜访电话也就算是顺利沟通完成。

4. 说出打电话的原因

说出打电话的原因这一点尤为重要。如果你打电话希望约一次见面的机会，最好直接说："我今天特意打电话给您的原因，是想和您约一个会面的机会。"设想一下，这样说会是什么后果？如果你给一百个人打电话，跟他们说同样的话，会有人同意和你见面吗？绝对有，甚至会很多。

接待客人一定要周到

推销员在推销过程中需要做的一个重要工作就是接待和拜访顾客。接待和拜访有可能感动客户，也可能不受客户欢迎。所以在对待客户的时候推销员丝毫不能松懈。目光一定要真诚而稳定，如果目光飘忽，或让对方认为你在下无声的逐客令，你的目的就会很难实现；其次笑容要自然，能让对方舒适；还有如果做手势，手势必须合理，不得出现夸张和无礼的手势；最后应该注意给客户留一定的私人空间，否则会让客户显得局促不适。

接待来访的客户时，一定要保持一颗对客户尊敬的心。做任何事情要想到客户的立场，了解看客户的心思，还要注意：

1. 谨守约定的时间——任何人都不喜欢等人，尤其是当对方认为他跟你一样重要（或甚至比你还重要）时，等候就更难以忍受。因此，如果你估计某人等你的时间可能超过 5 分钟，你应该先出去向他表示歉意，解释延误的原因，最重要的是，你要保证自己一定会尽快赶到，同时安排好，使等候你的人能有杯咖啡或饮料或刊物好打发时间，也可以问问他是否需要打个电话或传真，让他有事可忙；

2. 在接到客人已经到达的通知时，应该亲自到接待区迎接、问候来客，并且带领他到你的办公室。此时，让客人先行是较合乎礼仪的做法，但如果由你走在前面带路，则较能节省时间又不至走错地方；

3. 当访客来到你的办公室时，你应马上站起来，由桌后走出，并伸出手与来人寒暄问候。你的行动表达出你很高兴见到对方，并且视他为一个很重要的人物；

4.如果约定的人到达时你正在打电话，应该马上结束，约了某人却在不停地接他人电话，是最令人难以谅解的事；

5.访客来时如果穿着外套，脱下后，应将它挂在你办公室里的衣柜，或者拿到外面去挂。你的办公室外面，还应该放置一个雨伞架，以免客人为担心他的雨伞将地毯弄湿，而显得狼狈不堪；

6.如果来访的是许多人，事前应准备足够的座椅，免得临时到处张罗椅子，这样不仅浪费时间，同时也显得诚意不足。况且，临时找来的椅子有时坐起来并不舒服；

7.在办公室的角落放置沙发以及一些椅子，除供小型聚会用，客人来时更能坐得舒服，客人离开时，你应该亲自送客人到电梯口；

8.如果客人不是自己开车来的，天气又不好，或者访客年纪很大或行动不便，应帮他招计程车，一般来说，送他出去为他叫车的工作，该由你自己去做。

应邀去客户处拜访时，应该注意，要保持一种客随主便的心态，尽量显示出对主人的尊重。

1.应邀去别人那里，请务必准时，即使你只是迟到 5 分钟，也会使这次晤面有不愉快的开始。

2.在办公室等待期间，不要向接待人员做任何要求。譬如："我可以使用你的电话吗？""你能帮我把这张支票兑现吗？"当然，如果主人主动表示可提供类似性质的协助，你的要求便没有什么大碍，但千万不要自行提出。

3.如果你是拜访老板，即使随身携带移动电话，也要避免电话铃响不停，接电话时要到别处讲话，以免影响办公室中其他人的工作。

4.如果等待的时间很长，不要把气发在接待人员身上。如果已经超出约定时间 15 分钟以上，可询问还需要等多久，但不要抱怨。随时都要有礼貌，当你离开办公室，要记得说声"谢谢你。"

5. 如果在会谈时对方有电话进来，可问问对方是否需要私下接电话："我需不需要出去？"如果他说不用，你不妨就坐在原位。但他在打电话时，不要盯着他看，同时也不要随意翻看他桌上的文件资料。这时你不妨看看房间里的其他角落——墙上的画、窗外的景观、地毯的图案等。

6. 最后，无论这次会面是否达成你的任务，都应该谢谢对方的接见，并且在离开的时候与对方握手道别。

社交介绍也有学问

一次某领导下乡镇视察水果生产情况，地方政府的工作人员忙前忙后，积极准备，并把当地的水果状元请来，在大家排队迎接领导的时候，一名刚上任的地方领导，将在场所有人依次向领导介绍完毕，却忘掉了那位水果状元。最后领导说了一句话："我不想认识你们，你们谁我都认识，我来这儿是想看看水果状元"，结果弄得现场一片尴尬。

可以说，这位地方领导的介绍是有问题的，他太重视上级领导了。

介绍过程如果处理失妥，是会给人带来不小的麻烦。一般情况下，推销员认识一个人，交往一个客户都是从介绍开始的，如果连介绍这一关都过不了，何谈之后的交往和合作呢，因此，每个推销员都应充分认识到介绍的重要性，并且学习其中的礼仪：

1. 尽早递上自己的名片，重复一下自己的名字，这样有助于加深对方对自己的印象；

2. 自我介绍时简洁清晰，不宜超过一分钟，介绍尽量不要引起对方的厌倦感；

3. 介绍要点应说全，一般情况下单位、部门、职务、姓名要说；

4. 初次介绍时不能因麻烦用简称，一定要全面。第二次的时候就可以用简称了。

在介绍别人的时候，首先要注意在什么时候自己可以充当介绍人。在平常的社交场合，一般应由主持人充当介绍人，但在职场上，一般要为专职的接待人员如秘书、办公室主任等，或者也可以由双方熟悉的人担当。当然，贵宾也可以作为介绍人人选。在介绍时，要遵循的顺序是：先客后主，先不重要后尊，先男后女。

在介绍时，介绍方应注意：第一不要用手指指点点，应该用手掌示意。其次介绍双方的时候不要含糊其词，应该把对方的工作性质和籍贯的要点进行简单的介绍，便于不认识的双方进一步认识对方。而被介绍双方都应该保持站立姿势，并满含微笑，显示出很高兴结识对方的意思。当男士被介绍给女士的时候，应该欠身并点头示意，等候女士的反应。可以说一些"你好""幸会"等初次见面的问候语。

推销员进行业务介绍时，一定要注意的是：抓住时机，切忌死缠烂打，避免造成客户的反感。同时要掌握分寸感。不要一有机会就长篇大论。拣其精，拣其要做出说明，在最短的时间内引起顾客的兴趣。

记住并大声喊出客户名字

姓名，虽是人称的符号，但人们对自己的名字都爱若珍宝，因为自己的姓名寄托着父辈们美好的祝愿和希望。许多人一生奋斗都是为了成功出名，做出一番业绩，以对得起自己的姓名。由此看来，姓名对人来说是多么重要。

名字的魅力非常奇妙，每个人都希望别人重视自己，重视自己的名字。传说中有这么一位聪明的城堡主人，他想要整修城堡以迎接贵宾光临，但由于当时的各项物质资源相当匮乏，他便想出了一个好办法：他颁发了指令，凡是能提供整个城堡有用东西的人，他的名字就会被刻在城堡人口的圆柱和磐石上。指令颁发不久，大树、花卉、怪石等物品都络绎不绝地被人捐出。

还有这样一个故事。

卡耐基小的时候，在家里养了一群兔子，于是他每天找寻青草喂食兔子，就像他每日固定的工作。卡耐基家中并不富裕，还要带着妹妹做其他的杂事，所以，有时候实在没有足够的时间给兔子找最喜欢吃的青草。后来，卡耐基想了一个方法：他邀请了邻近的小朋友到家里看兔子，然后要每位小朋友选出自己最喜欢的兔子，用小朋友的名字给选中的兔子命名。每位小朋友有了自己名字的兔子后，他们每天都会迫不及待地找最好的青草然后送来给予自己同名的兔子吃。

姓名，虽是人称的符号，但更是人生命的延伸。许多人一生奋斗都是为了成功出名，所以人对姓名的爱犹如爱自己的生命。很多人想要运用别人的力量来帮助自己，首先要尊重别人的姓名。

1. 没有名叫"顾客"的人

商店里张贴着"顾客您好"，火车上广播员亲切地问候"乘客您好！"而你作为顾客或乘客，听到后会倍感亲切。可当营业员问道："顾客，你想买什么？"你会立刻不悦，甚至生气。而推销员称客户为"顾客先生"，一定沟通也不顺利。

推销员对客户姓名最好不要问第二次，要一次记住，而如果一时记不起来，可问一下第三者，迫不得已问再问本人，也比叫声"顾客"好得多。

2. 不能第二次说"有人在吗"

前面已说过，如果访问时单说："有人在吗？"可能没人搭理你。可是如果说到："先生在吗？"那只要屋里有人，一般都会出来开门。这便体现了名字的魅力。

如果你是第二次拜访同一客户，不应该说："有人在吗？"而应该是说出对方姓名。这是缩短推销员与顾客距离的最简单迅速的方法。记住姓名是交际的必要。而交际等于推销员的生命线，所以，怎么能不记住客户的姓名呢？

当然，如果你记性不好，就要依靠顾客卡，把每一个有希望与你成交的顾客的一切资料都记录在卡片上，随用随取，一定会大大有益推销的。

　　事实证明，能够记牢对方的姓名，不仅是现在处世的基本礼仪，也是使对方产生良好印象的最好方法，这种本领在交际场中大有用处。在和别人交谈的时候，别人对你十分熟悉，热情如火，而你却叫不出对方的姓名。碰到这样的情况，不仅会让你十分尴尬，更会让别人感到失望。虽然你可以用含糊的方法敷衍过去，但对方会认为你不重视他。

　　有时因为地位的关系，你应该先招呼对方，这个时候，你如记不起对方的姓名，不去招呼他，对方会误认为你是自大傲慢、目中无人的人，这就不好了。所以你要想在交际场中赢得主动，就要熟记对方的姓名。

　　推销员希得·李维曾经遇到一个名字非常难念的客户。他叫尼古玛斯·帕帕都拉斯，别人因为记不住他的名字，通常都只叫他尼古。而李维在拜访他之前，特别用心地反复练习了几遍他的名字。

　　当李维见了这位先生以后，面带微笑地说：早安，尼古玛斯·帕帕都拉斯先生。

　　尼古简直是目瞪口呆了。过了几分钟，他都没有答话。

　　最后，他感动地说："李维先生，我在这个小镇生活了35年，从来没有一个人用我的全名来称呼我。"当然，从此以后，尼古玛斯·帕帕都拉斯成了李维的客户。

　　每个人对自己的名字都非常感兴趣：科学家爱用自己的名字为自己的发明取名，名人爱用自己的名字为商品命名，人在与不太熟悉的人交往时，如果能够记住对方的名字并轻松地叫出来，就等于巧妙而有效地给予了对方重视。

　　总之，懂得并利用名字的魔力，能使你轻易地获得别人的好感。所以，千万不要疏忽这一点，而推销员在面对客户时，如果得到了客户的姓名，就应以尊重的语气称呼客户的名字，是客户对你的好感立刻上升。

　　有些人有这样的经历：如果去一个陌生的地方找一位多年不见的朋友甚至熟人，可是却记不起对方的名字时，小区管理员肯定怀疑你的动机。"连名字都不知道，还谎称什么朋友、熟人，有这样的朋友吗？"可是，如果你能说出这个人的姓名，而且还能说出一些其他的特征，那么，拜访的大门就畅通了。可见，姓名就是拜访的通行证。

正因为姓名如此重要，因此，人与人相处，记住对方的名字也会赢得对方的好感。如果自己的姓名能够被他人在短时间内记住，第二次见面时脱口而出，人们的内心就有一种满足感。至于在陌生的异乡，当自己一个人漫步在举目无亲的人流中，突然有人大声在喊着自己的名字，心中肯定涌起一股暖流，就像在家乡遇到朋友、熟人一样的感觉，立刻会把对方当成知己。

在推销界，"记忆姓名"法是受到极力推崇的。在原一平推销的过程中，就很注意这一点，凡是他第二次拜访客户时，总是热情地高声喊着"××太太（先生），我来看望您了。"这种称呼连客户本人也感觉意外，他们一方面惊奇原一平的记忆力如此好，另一方面更为原一平如此看重自己而欣喜。

可是，有些推销员却做不到这一点，他们尽管与客户见过许多次面，尽管客户也介绍过自己的姓名，可是他们就是没有记住，以至于与客户再相遇时，要拍着脑袋想好久。这样的话，客户当然不满意，他们会想："哼！连我的名字都记不住，怎能说把客户当上帝？"接下来，要成交几乎就是很难的事情了。

因为客户感到这样的推销员是做事不细心、不负责的人。他们会担心自己的业务交付给推销员不能完成得令自己满意。还有些推销员在拜访客户时总是习惯地问一声："有人在吗？"哪怕他们是第二次拜访熟悉的客户，也是这种问法，结果大多客户不愿搭理推销员。

假如推销员站在门外，大声喊道："××先生，我好久没来看你了，你现在在吗？"这时，客户往往很高兴，并马上开门迎接。因为一个只有一面之交的推销员竟然记住了自己的名字，他们自然格外欣喜万分，这便体现了名字的魅力。

美国某建筑公司承包了一座办公大厦的修建任务。当大厦进入装修阶段时，负责提供外部装饰铜器的工厂却突然提出不能如期交货。对此，公司领导们焦急万分，决定派一位业务高手前去交涉。

这位高手一见到铜器厂的总经理就高声说："总经理先生，你知道你的名字在本市是独一无二的吗？"总经理对此感到很惊异，回答说："不知道。"

业务员接下来说："××先生，我今天早晨下火车，在查电话簿找您的姓名时发现这么大的城市居然没有一个人是和您重名的。可见您的名字的确非同一般！"

总经理没想到不认识的业务员对自己的名字如此看重，不免起了好感。他说："要说我的姓名的确有点不平常，因为……"总经理开始谈起了他的家庭和祖先。业务员很专心地听着，不时流露出感叹的神情，或不失时机地夸奖这位总经理能从一位移民奋斗到今天的成就。总经理听完更加高兴，最后，他对这位业务员说："你的来访使我很高兴，我也没想到我们的交往会这样令人愉快。这样吧，即使别的订货拖延，我也先保证供应你们的货。"

就这样，这位业务员从客户的名字谈起，解决了一件难缠的商务问题。

由此可见，记住姓名是交际的必要，这样不仅会使客户备感亲切和尊重，而且也可以尽快缩短推销员与客户的距离，为下一步的顺利沟通打下基础。当然，如果你记性不好，可以把每一个有希望的顾客都记录在卡片上，随用随取，这样做也会有益于推销的。

总之，当你拜访客户时能亲热而又大声地喊出对方的名字时，你会看到，对方的脸上是多么惊喜。接下来他们会热情地欢迎你。这就预示着，一定会有不少成功在等待着你。

第二章

开启感观之门，让顾客主动讲真话

询问是一种如同汤中加盐的沟通方式。

在面谈中，询问的目的主要就是了解准客户的需要，但恰当的、有技巧性的提问还应该起到引起准客户注意的作用。比如，你向准客户提问："您需要某某产品吗？"这种提问属于最原始的、直截了当式提问，它没有起到吸引准客户的作用，因此实践中推销人员应减少这种方法的使用。

又比如汽车加油站的工作人员向顾客询问时，如果他问："您需要多少升汽油？"顾客就会很随便地答出一个数字，但如果这样问顾客："我为您把油加满吧？"面对这样的话，顾客往往会说："好吧！"油的销售量会因此增加很多。

询问在面谈中起着极其重要的作用，人不但能利用询问的技巧获取所需的情报、确认客户的需求，而且能引导客户谈话的主题。询问是沟通时最重要的手段之一，它能促使客户表达意见而产生参与感。

问客户的五种基本技巧

一般情况下，提问要比讲述好。但要提有分量的问题并非容易。简而言之，提问要掌握以下五点技巧。

1. 连续肯定法

推销员要使用连续肯定法，也就是说，推销员让顾客对其推销说明中所提出的一系列问题，并能连续地回答是，然后，等到要求签订单时，造成有利的情况，好让顾客再作一次肯定答复。

如推销员要寻求客源，事先未打招呼就打电话给新顾客，可说："很乐意和您谈一次，这对您提高贵公司和营业额一定很重要，是不是？或好，我想向您介绍我们的 × 产品，这将有助于您达到您的目标，您很想达到自己的目标，不对吗？……"这种方式会让顾客"一是到底"。

推销员对自己提出的每个问题都要经过仔细地思考，特别要注意双方对话时的语言结构，要让顾客沿着推销员的意图作出肯定的回答。

2. "照话学话法"

"照话学话法"就是首先肯定顾客的想法，然后在顾客想法的基础上，再用提问的方式说出自己要说的话。如经过一番劝说，顾客说："嗯，目前我们的确需要这种产品。"这时，推销员应不失时机地接过话头说："对呀，如果您感到使用我们这种产品能节省贵公司的时间和金钱，那么还要待多久才能成交呢？"这样说，可能会水到渠成，成交顺利。

3. 诱发好奇心

诱发好奇心的方法是在见面之初直接向可能买主说明情况或提出问题，故意讲一些能够激发买主好奇心的话，将买主的思想引到你可能为他提供的"思路"上。

如一个推销员对一个多次拒绝见他的顾客递上一张纸条，上面写道：请您给我十分钟好吗？我想为一个生意上的问题征求您的意见。纸条会诱发顾客的好奇心——那顾客就会想推销员要向我请教什么问题呢？结果很明显，推销员会应邀进入办公室。

诱发好奇心的提问方法不能要花招，因为一旦顾客发现自己上了当，你的计划就会全部落空。

4. "单刀直入法"

这种方法要求推销员直接针对顾客的主要购买动机，开门见山地向其推销，然后对其进行详细劝服。

5. 一问一答法

这种方法就是推销员用一个问题来回答顾客提出的问题，再用自己的问

题来控制和顾客的洽谈，把谈话引向销售程序的下一步。比如，

顾客：这项保险中有没有现金价值？

推销员：您很看重保险单是否具有现金价值的问题吗？

顾客：绝对不是。我只是不想为现金价值支付任何额外的金额。

对于这个顾客，若你一味向他推销现金价值，你就会把自己推到河里去——沉到底。这个人不想为现金价值付钱，因为他不想把现金价值当成一桩利益。这时你该向他解释现金价值这个名词的含义，提高他在这方面的认识。

随机提问：不经意问出潜在需求

人们购买商品是因为有需求，因此就推销员而言，如何掌握住这种需求、使需求明确化，是最重要的，也是最困难的一件事，因为客户本身往往无法知晓自己的需要到底是什么？

当一个人清楚地知道要什么时，他主动地采取一些动作。例如他想要租一间房，会打开报纸，看看房屋出租广告。如果有适合的出租房，他会打电话联络，然后去实地了解是否满意。这种需求我们称为"显性需求"，即指客户对自己需要的商品或服务，要先心明确了解。推销员碰到这种客户，会马上与客户成交。

相对于"显性需求"的是"潜在需求"。有些客户对自己的需要不能明确地肯定或具体地说出，往往这种需求表现在不平、不满、焦虑或抱怨上。事实上，大多数初次购买的准客户，都无法确切地知道自己真正的需求。因此，推销员碰到这类客户最重要也是最困难的工作，就是发掘这类客户的需求，使"潜在需要"转变成"显性需求"。

发掘客户潜在需求最有效的方式之一就是询问。你应该在与准客户的对话中，借助有效地提出问题，刺激客户的心理状态。而客户经由询问，能将潜在需求逐一从口中说出。

询问有几种方式：

1. 状况询问

日常生活中，状况询问用到的次数最多。例如"您在哪里上班？""您有哪些嗜好？""您打高尔夫球吗？"……这些为了解对方目前的状况，所做的询问都称为状况询问。

推销员提出状况询问，主题是和要销售的商品有关。例如"您目前投保了那些保险？""您办公室的复印机用了几年？"等。

状况询问的目的是经由询问了解准客户的事实状况及可能的心理状况。

2. 问题询问

"问题询问"是得到客户状况回答内容后，为了探求客户的不满、不平、焦虑及抱怨而提出的问题，也就是探求客户潜在需求的询问。例如：

"您目前住在哪里？"（状况询问）"市中心商业街附近。""是不是自己的房子？"（状况询问）"是啊！10多年前买的，为了小孩上学方便。""现在住的怎么样？是不是有不尽如人意的地方？"（问题询问）"嗯，现在太喧哗了，马路上到处都挤满了人，走都走不动，实在不适合我们这种年龄的人居住。"

以上问题询问后，能使我们探求出客户不满意的地方，知道了客户有不满之处，将有机会去发掘客户的潜在需求。

3. 暗示询问

你发觉了客户可能的潜在需求后，可用暗示的询问方式，提出解决客户问题的方法，这称为"暗示询问法"。

例如："地铁马上就要通车了，在中山大学附近，靠近珠江，在有绿地、空气又好的地方居住，您认为怎么样？"（暗示询问法）"早就想在这种地方居住了，只是一时下不了决心。"

推销中如果能熟练地交互使用以上三种询问的方式，客户经过你合理的引导及提醒，潜在需求将不知不觉中从口中说出。

专业的推销员如果无法探测出客户的潜在需要，将愧对"专业"这个字眼。

请教式提问：满足客户自尊心

每个人都有自尊心，让人满足自尊心的最好方法就是让对方认为你重视他。有些人会满足他人自尊心，但也有弄巧成拙的时候。让人产生自尊心有效的方法是对于他自傲的事情加以赞美并请教。若是客户讲究穿着，你可向他请教如何搭配衣服；若是客户是知名公司的员工，你可表示羡慕他能在这么好的公司上班并向他讨教如何才能这么优秀。客户的自尊心被满足，初次见面的警戒心自然也消失了，彼此距离拉近，能让双方的好感向前迈一大步。

请教问题是吸引潜在客户注意的一个很好的方法，特别是你能找出一些与他业务相关的问题。当客户表达看法时，你不但能引起客户的注意，同时也能了解客户的想法，另一方面你也满足了潜在客户被人请教的优越感。

客户也是我们的老师。为什么这么说呢？你和客户约会见面，可以学会如何礼貌地介绍自己，有效地安排双方都愿意接受的会面日程；你和客户见面时，可以学会准时、从容礼貌的自我介绍。在客户有突发事情无法按时应约时，你可以学会理解，并锻炼自己等待的耐心；当客户和你坦诚交流时，你会学到自己所必须了解的现场应用及真正的客户需求，即使客户的态度不客气，你也能学会如何换位思考，赢得客户的尊敬；当客户交给你一份合同，你会懂得信任和学会兑现承诺；当你和客户交流时，无论他们是有意还是无意，都会促使你快速、积极地调动和组织你那曾经似是而非的产品知识、专业知识和销售技巧，你会学着检验曾经的所学所悟是否有价值。

因为知识只有被传递到客户那里，并且为他们带来价值，才能说是有价值的，只要你有足够的诚意，客户也能够教会你应用知识、教会你该如何在他们那里得到认可，甚至教会你如何才能够实现差异化，走在竞争对手的前面。

那么谁最了解客户的需求呢？当然是客户自己。所以推销员在开始接触客户时，一定要把自己当作学生，虚心请教，才会赢得客户的信任，客户会把需求明白地告诉你，而你也才有机会真正地把你的产品和客户的需求结合在一起，从而找到最合适的、有差异化的解决方案，领先你的竞争对手。

那种抱着"给客户洗脑的想法"的推销员是不会得到客户信任的。通常客户都不会把最关键的问题告诉那些他们还不信任的销售人员，因为他们不愿意在不信任的销售人员身上浪费时间，也不相信这些销售人员能够真正地帮助他们解决问题。

一旦推销员的解决方案成功地被客户认可，推销员就可以有能力在下一个客户那里有更多可交流的东西，可以为新客户提供更大的价值。而前一个客户在这个推销员的成长过程中不是起到了导师的作用了吗？

推销员经常苦于找不到与客户沟通的切入点。这是因为他们不能够帮助自己的客户进行有效指导。任何一个客户都有自己独特的决策过程和方式，也会有自己的个性和习惯。所以，找一个客户指导是关键。注意，客户指导不是要帮客户做决定的人，而是帮助客户找到决策链、指导客户顺利和你交易。

当然，工作中还有很多的例子能说明拜客户为师的重要性。但最最关键的是我们一定要有这样的态度，内心真正去这么想，行动上才能真正地这么做。

关怀式提问：激发顾客交流欲

在交谈中，就算是客户一而再再而三地明确拒绝你的交谈请求，你也不要放弃。要理解客户不愿和你谈只是对产品没有兴趣，此时一定要心平气和，以对对方的关怀来激发交流欲望。下面说几项应对话术：

当客户说"我没时间！"时，这时推销员应该说："我理解！我也老是时间不够用！不过，只要3分钟，您就会相信，这是个对您绝对是重要的议题……"

当客户说"我现在没空！"推销员应该回答："先生，美国富豪洛克菲勒说过，每个月花一天时间在钱上好好盘算盘算，要比整整 30 天都工作来得重要！我们只要花几分钟的时间！麻烦您定个日子，选个您方便的时间！我星期一和星期二都会在贵公司附近，所以，可以在星期一上午或者星期二下午来拜访您一下！"

当客户说"我没兴趣。"推销员可以说："我完全理解，对一个手上没有什么证明材料的事情，您当然不可能立刻产生兴趣，有疑虑或者有问题都是十分合理自然的，让我为您解说一下吧，星期二还是星期四合适呢？"

当客户说："我没兴趣参加！"推销员要说："我非常理解，先生，要您对不晓得有什么好处的东西感兴趣实在是强人所难。正因如此，我才想向您亲自报告说明。星期一或者星期二过来看您，行吗？"

当客户说："请您把资料寄给我怎么样？"推销员："先生，我们的资料都是精心设计的纲要和草案，必须配合专员的说明，而且要对每一位客户分别按个人情况再做修订，等于是量体裁衣。所以，最好是我星期一或星期二过来看您；您看是上午还是下午比较好？"

当客户说："抱歉，我没有钱！"推销员："先生，我知道只有您才最了解自己的财务状况。不过，现在先好好做个全盘规划，对将来才会最有利！我可以在星期一或者星期二过来拜访吗？"或者是说："噢！我了解。要什么有什么的人毕竟不多，正因如此，我们现在开始选一种方法用最少的资金创造最大的利益，不是对未来的最好保障吗？在这方面，我相信我可以帮助到您，可不可以下星期三，或者周末来拜见您呢？"

当客户说："目前我们还无法确定业务发展会如何？"推销员说："先生，我们先不要担心这项业务日后的发展，您先参考一下，看看我们的供货方案优点在哪里，是不是可行。我星期一来造访还是星期二比较好？"

当客户说："要做决定的话，我得先跟合伙人谈谈！"推销员说："我完全理解，那么，我们什么时候可以跟您的合伙人一起谈？"

当客户说："我会再跟您联络！"推销员说："先生，也许您目前不会有什么太大的意愿，不过，我还是很乐意让您了解，要是能参与这项业务，对您会有多大的利益！"

当客户说："说来说去，还是要推销东西啰？"推销员："我当然是很想销售东西给您啦！不过，要是能带给您好处，让您觉得值得期望的，才会销售给您。有关这一点，我们要不要一起讨论研究看看？下星期一我来看您？还是您觉得我星期五过来比较好？"

当客户说："我要先好好想想。"推销员说："先生，其实相关的重点我们不是已经讨论过了吗？容我直率地问一句：您的顾虑是什么？"

当客户说："我再考虑考虑，下星期给你电话！"推销员说："欢迎您来电话，您看这样会不会更简单些？我星期三下午晚一点的时候给您打电话，还是您觉得星期四上午比较好？"

上述这些关怀式提问，会很好地让客户感到推销员的真诚心，即使是没有需求也会产生兴趣，从来开始交谈。

开放式提问：让顾客畅所欲言

所谓开放式提问法，是指能让客户充分发挥并阐述自己的意见或建议的一种提问方法。开放式提问法的目的，是让客户全面表达他的看法与想法，以利于推销员获取信息。

初次拜访时对话中如果没有共通性是行不通的，由推销员主谈来迎合客户达不到效果。倘若客户对推销员的话题没有一点点兴趣的话，彼此的对话就会变得索然无味。

推销员为了要和客户之间培养良好的人际关系，最好尽早找出共同的话题，在拜访之前先收集有关的"情报"，尤其是在第一次拜访时，事前的准备工作一定要充分。

总之，询问是绝对少不了的，推销员在不断地发问当中，很快就可以发现客户的兴趣所在。

例如，看到橱窗里有很多的古董，推销员可以问："您对古董很感兴趣吧？"

看到高尔夫球具、溜冰鞋、钓竿、围棋或象棋，都可以拿来作为话题。

对异性的流行、兴趣和话题也要多多少少知道一些，总之最好是无所不通。

打过招呼之后，谈谈客户深感兴趣的话题，可以使气氛缓和一些，接着再进入主题，效果往往会比一开始就立刻进入主题来得好。

天气、季节和新闻也都是很好的话题，但是谈天气可能一分钟左右就说完了，所以很难成为共同的话题。

推销员重要的是在于客户感兴趣的东西，做到这一点，必须仔细观察，做好准备工作。

身为推销人员，聊天是工作的一个重要部分，那么，从哪一个方面展开话题呢？其实，哪个方面都可以。比如，看报纸时要留神那些有趣的新闻，平日要养成聊天时搜集各种信息并使之成为话题的习惯，还要有注意各种时事、体育运动比赛的内容和结果。晚上看电视时要花点时间看一些有趣的电视剧，因为不少电视剧也可成为很好的话题。

当然，电视新闻和综艺节目这方面的内容话题会比较多。另外，在时间允许的情况下要尽可能多读些书，扩大知识层面，如果还有可能的话，可从家人或朋友那里学习一些自己不擅长的东西，例如心理学、时装搭配及流行款式等。

举例来说，在与准客户见面后，先谈时事的问题；客户没兴趣，可以换一些其他问题，如果有兴趣，从眼神中就可看出；往下聊，在没问题，可换像股票、投资等问题，如此更换不已。

推销员的知识要宽，再求精，要适应各种不同爱好和不同兴趣顾客的需要，但要注意，千万不要以此来炫耀自己。

对着镜子提问，学会自我推销

有谁讨厌自己吗？恐怕没有。人对自己多少都会有一些自我认同。当然，还需要得到社会的肯定。

推销员最主要的是把自己推销出去，"推销大王"齐藤竹之助认为：人人都是自己的推销员，不管你是什么人，从事何种工作，无论你的愿望是什么，若要达到你的目的，就必须具备向社会进行自我推销的能力。能否成功，取决于你如何进行自我推销，以及你能力的大小。然而，世界上有很多"孤芳自赏"、不屑或者不会自我推销的人。

亨利·卡文·迪许曾是英国杰出的物理学家和化学家，他对当时的物理学，在理论和实践方面都有过独到的见解，但他离群独居，不愿离开家一步，在将近五十年的科学生涯中，竟没有出版过一本专著，致使许多有价值的手稿埋没了几乎半个世纪。

这是一位科学家的悲哀，正是卡文·迪许的离群索居，使那些可以照亮人类社会进程的科学被置之高阁，也使卡文·迪许的清高，像一颗光芒四射的明珠被淹没在黑暗里。

这是卡文·迪许的命运，也是那些不懂得自我推销的人的共同命运，这些人虽然叩开了成功之门，却止步不前；虽然已经发现了科学的宝藏，却不能尽快为天下所知。要知道，"酒香也怕巷子深"，即使你是一块荆山宝玉，如果严密地包裹着自己，而不展现出自己独特的品质，又怎么能怪世人不识呢？

卡文·迪的故事读起来虽然让人十分遗憾，但或多或少都有值得原谅的成分。毕竟，科学家长期专注的研究让他们与社会脱节的可能性变得很大。但推销员如果放弃自我推销则是不应该的。

推销员为什么一定要善于自我推销呢？因为这是推销员的看家本领，也是推销员相对于其他人来说最优异的地方，只有通过自我推销，推销员才能走进客户的视线，走进客户的办公室，走进客户的思考范围，最后走进客户的内心。

如果推销员不会自我推销，与自缚手脚而上战场杀敌的莽汉有什么区别呢？推销员最忌讳的就是不与人交流，不与外界打交道，不让外界了解自己和产品的人，如果那样，还叫推销员吗？自我推销是推销员的基本功，做与不做，区别是很大的。

王珏以前在人事部工作，后来，她到了一家新公司工作，约两个月后，一次，老板刚刚和她谈完工作，离开她的办公桌，就来了一份传真。传真上说，她花了两个星期争取的一笔业务成交了。办公室的人建议她赶紧去老板那报喜。王珏不以为然，说领导问再说吧，但别人还是建议她趁热打铁，赶紧告诉老板，王珏同意了，把喜讯告诉了老板，结果老板非常高兴，建议她赶快告诉公司的公关部门，让公司同仁知道这笔进账。其实，一旦有机会，每个人都可以用一种间接、自然的方式表现自己的成绩。后来王珏的事业顺风顺水，老板也很看中她，而她越来越懂得表现自己的优势了。

美国有一位作家对表现自己有一个形象的比喻："做完蛋糕要记得裱花。有很多做好的蛋糕，因为没有裱花看起来不够漂亮，所以卖不出去。但是在上面裱上了美丽的花朵，人们自然就会喜欢来买。"

推销员要把产品推销给客户，如果客户根本就不接受这位推销员，那么，产品推销也无从谈起。有经验的推销员都知道，要推销产品，必须先推销自己。

谈判桌上的询问

作为一名推销员，在与客户的谈判过程中，需要很多技巧，而这些技巧也决定了推销员是否能在谈判中占据先机，是否能完成自己的目标，以及能否达到合作目的。

那么，如何在谈判中识别客户是否要买产品，推销员只有把客户的想法搞清楚了，把自己的目的弄明白了，运用谈判技巧才能有的放矢。而客户只有把自己利益看得一清二楚了，才会按照推销员的思路进行思考。

每一个推销员都要弄明白谈判对手心理，此时必须要做好两个方面："听"和"问"。只要做好了这两方面，你的客户在你的面前才能像一个透明人一样，接下来跟着你的思路走。

"听"在谈判的前段是最关键的。每一场精彩的谈判都是从轻描淡写的聊天开始的，高明的谈判者是绝对不会先直接讨论最主要的话题的。那么，推销员如何才能将"听"的技巧发挥到极致呢？

1. 少说多听

作为一名推销员就是要调动客户多说话，而自己少说或者自己在关键时候说，不要轻易打断对方。哪怕客户所说的观点是多么不符合你的观念，让你异常的厌恶，也要让客户先说完。当然，如果你认为双方已经没有谈判的必要了，那可以另当别论。

不要热衷于辩论。也许客户的观点和你的观点是格格不入，那也不要和客户进行辩论。当客户的观点和你的不同时，不妨如此表达："有的人是这样来看待这个问题的，好像跟你的看法有点出入，不知道你是如何看待这种观点的呢？"

2. 不要急于陈述你的观点

作为一个好的听众，推销员千万要记住你是来了解情况的，来了解那些很难用语言来描述的一些情况，所以你的观点并不重要，关键是你如何在了解他的情况后让他接受你的观点。了解了客户的立场和目的之后，不妨重复一遍。很多时候，推销员可能会误会客户的意思，即使两个人近在咫尺，也可能有词不达意的时候，所以把客户的立场和目的复诉一遍是相当重要的。

推销员在认真的倾听客户的话之后，要想让其按照自己的思路走，最好的办法就是提问了。

一名优秀的推销员是要设计自己对客户的提问的。首先要把问题分一下顺序，先提什么问题，再提什么问题，最后提什么问题；其次，需要预估一下，你的谈判客户可能会怎么回答你的问题？针对他的回答，你接下来应该如何应对？如果客户对你的提问做出完全出乎你意料的回答，你最好放弃这样的提问。

推销员提问不外乎有以下几种方式：直接提问；间接提问；开放式提问等。直接提问一般是针对客户对这个问题没有什么见解或者无法拿出方案的时候。如：你这个产品的进货价是多少？我应该给你什么价格，你会满意？你从什么时候开始有这个想法的？

如果想要客户表达自己的意见时，最好用间接的提问方式，不过使用间接的提问方式时，客户可能会跑题。如：你是怎么决定这个产品的零售价格的？你在购买这个产品的时候最看好的都有一些什么？你对廉价的商品放心吗？

开放式提问除了获得资讯外，还有刺激思考、帮助别人做判断的功能。如：你对我们的新产品有什么看法？你可以告诉我是如何看待这些数据的吗？你对市场渠道的建设有什么见解？

询问后倾听回答

当我们向客户做了真实积极的询问后，客户也会回以他们内心真实的想法，无论有用没用，推销员都要认真倾听，因为，这是客户主动地想让我们了解他们内心真实想法的方式。

卡耳·鲁杰司为了改进和他人之间的沟通，曾提倡"积极地倾听"，所谓积极地倾听是积极主动地倾听对方所讲的事情，掌握真正的事实，借以解决问题，并不是仅被动地听对方所说的话。无论提出的问题是好是坏，客户的回答就是答案。

1. 倾听的原则

积极地倾听有三个原则：

（1）站在对方的立场，仔细地倾听

每个人都有他的立场及价值观，因此，你必须站在对方的立场，仔细地倾听他所说的每一句话，不要用自己的价值观去指责或评判对方的想法，要与对方保持共同理解的态度。

（2）要能确认自己所理解的是否就是对方所讲的

轻轻地点头作出反应。推销员用这种方式表示自己正在听客户的回答，有时轻轻点几下头表示对客户所传达信息的默许或赞同。

或目光注视正在说话的客户，不要做任何动作，也不要说话。这表明推销员正专心致志地倾听客户的谈话，并且对客户的讲话表现出浓厚的兴趣。

偶尔发出一点声音，用尽量少的言词表示出自己的意思。这类词语一般有："我了解""嗯嗯""是的""是那样""很有趣"等等。使用这些词语，一般表示推销员对于客户的话有所了解，或者表示同意客户的看法。发出声音能表示推销员正在倾听客户的回答问题。

推销员重复客户某句话的最后几个字，以表示对客户意思的肯定。

（3）态度诚恳，不要打断客户的回答

推销员在倾听过程中，不要在客户的讲话中进行插话，更不要打断客户的讲话。推销员如果打断客户的讲话，就会引起客户的反感。即便你根本不同意他的观点，或者你急于纠正他的观点，也要耐心地听完他的意见。听得越多，才能够发现客户的真正需要和主要的疑虑，从而有针对性地给予解决。另一方面，你的插话会使客户完整的思路受到干扰，从而影响客户信息的充分表达。

所以，推销员在倾听时，一定不要随便打断客户的讲话，而做到这一点不是一件很容易的事情，它需要推销员有比较坚强的意志，能控制好自己的感情。因为推销员在倾听时，直接面对的是客户各种不同的感受：激动、赞美、诉苦、抱怨、驳斥、责备、警告甚至辱骂等等。推销员必须理智地对待客户的一切感受，不要被客户激怒；同时也要正确地、客观地分析这些感受，从中找到最有价值的信息。

推销员倾听客户回答时，最常步入的误区是他只作出倾听客户谈话的样子，内心里却迫不及待地等待机会，想要讲自己的话，完全将"倾听"这个重要的武器舍弃不用。这样，推销员听不出客户的意图、听不出客户的期望，再向客户推销会失去目标。

2. 倾听的技巧

推销员面对客户，要如何拥有倾听的技巧呢？下列五点科锻炼您的倾听技巧。

（1）培养积极心态

站在客户的立场专注倾听客户的需求、目标，适时地向客户确认你了解的是不是就是他想表达的，这种诚挚专注的态度能激发客户讲出更多他内心的想法。

（2）让客户把话说完，并记下重点

记住你是来满足客户需求的，你是来带给客户利益的，让你的客户充分表达他的状况以后，你才能正确地满足他的需求，就如同医生要听了病人述说自己的病情后，才开始诊断一样。

（3）秉持客观、开阔的胸怀

不要心存偏见，只听自己想听的或是以自己的价值观判断客户的想法。

（4）对客户所说的话，不要表现出防卫的态度

当客户所说的事情对你推销可能造成不利时，你听到后不要立刻驳斥，你可先请客户针对事情做更详细的解释。例如客户说"你公司的理赔经常拖延"，你可请客户更详细地说明是什么事情让他有种想法。

客户若无法解释得很清楚时，说明他自己也会感觉出自己的看法也许不是很正确；若是客户说得证据确凿，你可先向客户致谢，并答应自己调查后将

把此事的原委用书面形式报告给他。记住，在还没有听完客户的想法前，不要和客户讨论或争辩一些细节的问题。

（5）掌握客户真正的想法

客户有客户的立场，他也许不会把真正的想法告诉你，他也许会用借口或不实的理由搪塞你；或为了达到别的目的而声东击西；或另有隐情，不便言明。因此，你必须尽可能地听出客户真正的想法，而掌握客户内心真正的想法，不是一件容易的事情。

拜访中的6个W和2个H

通过前面几节的讲述，我们已经知道如何去寻找客户，以及如何衡量客户的状况。接下来要做的事就是制定一个拜访计划。如何制定拜访客户的计划呢？我们可以运用6W2H分析法。

6W：

What——要达到什么样的目标。

When——什么时候完成计划。

Where——场合与地点。

Who——关键人物是谁。

Why——理由是什么，正确与否。

Which——保持弹性，多套方案。

2H

How——如何进行

How much——预算多少。

What

制定计划一定要体现适用性，实效性和可操作性的原则。

1.拜访计划一定要与客户的现实需求和购买力相吻合；

2.以实现销售目标为根本；

3.制定的计划要易懂，易做，易执行。

When

拜访的时间并非随心所欲的，因为有诸多因素的制约，比如对方的工作和生活习惯，因此不要突然而不合时宜地出现在客户面前。要根据职业的不同，参照下列时间拜访。

客户分类	适应时间
企业领导	上午 10 点以前，下午 4 点以后
公务员	上午 10 点到中午，下午 5 点到 5 点 30 分
教师	上午 8 点以前，下午 4 点之后
银行职员	上午 10 点以前，下午 3 点之后
承包商	上午 9 点以前，下午 5 点以后
医生	上午 9 点到 11 点或下午 4 点之后
主妇	上午 10 点以前，下午 3 点到 5 点
律师	上午 11 点到下午 2 点之间
零售商	上午 8 点到 10 点之间

如果你的业务和客户有直接利害关系，可以在客户工作时间打电话，否则，最好在休息时间进行沟通。

Where

原则：方便客户，有利销售。

方法：如果客户主动提出场所，请尊重他的选择，如果他没有明确提出，可以主动提出拜访地点建议。

需要注意的是，家是一个非正式的场合，主要适用于个人客户。对于企业客户一般不宜提出在家中谈判，因为一则业务与客户的家庭生活没有多大关系，二则，除非很熟，否则容易被对方拒绝。

另外，需要注意，在家中拜访不要打扰客户的正常生活，要讲究卫生，不要吸烟，不要随便动客户的东西。

如果把拜访地点约定在办公室，那主要针对企业客户，所以，以个人客户对销售对象的业务，最好不要选择办公室进行，因为这会影响到客户的工作，也会影响到办公秩序。即便是以企业为目标的推销员也要注意不得影响办公室其他人员的正常工作，同样，未经同意不得抽烟，如果客户在办事需要耐心等待。

最理想的谈判场所是会议室，好处在于免受其他方面的影响，也不会影响和客户的沟通，但如果客户未提出邀请，不要主动提出这种要求。

除了以上几种谈判场所外，还有其他社交场所。如：酒吧，茶馆，夜总会等。既适宜个人客户，也适宜企业客户，但一般来说企业客户占主导地位，因为在这些地方谈判成交额一般较大。缺点是花费不小，除了针对大客户外，最好不要这样做。

Who

找到这个购买决策人对拜访的成功率具有决定性意义，因为每一笔业务，实质最后拍板的就那么一两个人，如果找对他们，那你业务的大方向就把握住了。一般来说我们都不可能一下子找到这个关键人物，但是有两套方法可以尝试：一是从上到下，找到这个企业拥有最高头衔或处在组织结构最高层的人物，意外的情况是，最高层有时候并不接待你这样的业务，他会叫你去找相应部门的经理。第二种方法是从下到上，从低管理层拜访开始寻找，低管理层一般容易接近，但他们没有决策权，如果你碰到这一层阻碍，将很难继续下去。

具体用那种方法，可以看实际情况，比如小型企业里，决策权和所有权往往是统一的，找到企业的老板，就找到决策者。然而在大型企业中，却不一定，往往都各有分管，所以找到分官领导，从下而上比较适宜。

Why

做每一件事都有原因，推销员也一样，制定拜访的计划当然要有根有据，要实事求是，以市场为检验标准，而不是一味沉浸在理论的囚笼中。为自己计划的每一件事，每一个步骤找一个切实的方法，而不是应付上级，应付自己。

Which

没有准备失败的人不可能成功，这是某位精英人物在某高校论坛上的讲话，即便葛亮也有兵发五丈原，被魏延的莽撞折断了阳寿之事。所以，一定要有备用方案，而且备用方案在执行的过程中，要根据现实的变化不断调整。所以说，多套方案多条路，也多一份成功的可能。

How

针对你的客户，制定一份可行性高的计划，全面的提出问题，认真的考虑问题，深入的回答问题。

How mach

关于预算，当然了，谁都不愿做亏本的生意，但有些生意别人能做，也许你做就亏了，为什么？因为你没有预算，你不知道如何合理的开支，结果造成成本过高，这样，稍有薄利的业务在你的手中就会变成亏本生意。

如果一个推销员精于预算，那么他的格局就会比别人开阔，他能看到别人看不到的利润，接别人不敢接的单，看起来好像火中取栗，但他确实有把握。

第三章

感观刺激，突破顾客心理防线

在推销业界一个常犯的错误就是不去赞美别人，也就是不懂得赞美别人。赞美的艺术是无价的，更是每一位推销员都应该必须具备的技巧。

不要害怕去赞美别人，因为你的客户会因此而感觉和你更为亲近，他们不但不会给你脸色看，而且还会热诚地欢迎你。这就是赞美所创造的奇迹。

赞美就是一种神奇的力量

现实生活中，推销员有时候会陷入非常尴尬的境地。很多时候，任凭你说得怎样唇干舌燥，客户就是反应冷漠，三缄其口。在这种时刻，你应该怎么办呢？

发挥赞美的力量。

美国有位贝克博士提出这样一个建议，赞美对于植物有神奇的作用。他提议那些盆栽植物者：

（1）对你的植物清楚且明确地表示出心中的情感或愿望。比如，希望它们长得更加翁郁，更加茂盛等。

（2）别忘了每天像哄小孩一样、用呢喃柔软的声调不断地对植物说话。绝对不要用尖锐高亢的声调对植物说话，这会使植物感到恐惧。

（3）如果你的植物长得不错，别忘了随时赞美它。

（4）心情不好时，别和植物说话，这会使植物有恶劣的反应。

贝克博士的话听起来简直让人感觉不可思议。多么神奇，植物居然也喜爱赞美之话。听到这个神奇的建议的人于是开始实验，结果他们发现，如果对其中的一棵采取以上方法，而对另一棵只是简单地浇水，三个月之后，他们果真发现前者比后者枝叶茂盛得多。

由此可见，赞美的力量多么神奇！

既然连没有什么感情的植物都喜爱听赞美，更何况情感丰富的人呢？赞美的话语就像加了蜂蜜的糖水一样令人无比受用，情不自禁地痛饮下去，从外到内甜到心里，此前的一切忧愁和烦恼也会顷刻间烟消云散了。

上海某超市的一位收银员和理货员对此也有深切的感受。这家大型超市位于市中心。顾客每天熙熙攘攘挤满了收银台。特别是在节假日，更是人流空前。收银员每每累得筋疲力尽，就盼着下班往床上一躺。

理货员也是感觉十分劳累，他们的工作服上往往沾满了各种食品的污渍，双手双脚都在不断忙碌着，登高爬低，为顾客拿需要的东西。工作一天后，手变得很麻木，腰都直不起来。尤其在劳累的时候，心情难免感到烦躁。还有些顾客像故意捣乱一样总是对挑选的商品不满意，换来换去。对于顾客五次三番地更换，理货员真的想发火。

但如果在结账时，客户不好意思地笑着对收银员说："谢谢你们，你们对我们照顾得真是太周到了！我要让经理表扬你们。"或对理货员说："太麻烦你们了，感谢感谢"。

就是这么几句夸奖的话语，突然之间，收银员和理货员的劳累和烦恼无影无踪了。当经理问他们节日期间能否坚持住的时候，她们异口同声地说说："没问题！"原来顾客的那几句赞扬的话让她们有了工作的乐趣。

对此，马克·吐温曾经说过："一句赞美我的话就能使我活两个月。"这说明赞美——这种精神鼓励的力量是非常强大的。的确如此，赞美就是对人们价值的肯定，赞美就像是照在人们心灵上的阳光，令人感到温暖和愉快。因此，当客户找借口不配合你，或者对你表现出冷漠、不以为然甚至有些厌恶的表情时，你有没有想到用赞美这种神奇的力量。

乔·库尔曼，29岁那年，曾经是美国薪水最高的寿险推销员之一。在25年的推销生涯中，他销售了4万份寿险，平均每天5份，这使他成为美国的金牌推销员。当人们问他成功的秘诀时，他说，来自一句话的魔力。

他开始从事保险推销，人们总是不太欢迎。虽然天有不测风云，可是，如果别人向自己推销保险，似乎还是意味着自己将会发生意外一样。因此，库尔曼的推销屡遭拒绝。

屡次失败后，库尔曼开始反思，怎样才能得到客户的认可，让他们产生好感呢？终于，他发明了一个独特的秘方，那就是"一句话的魔力"。再后来，每当他拜访客户时，总是以十分羡慕和尊敬的口气说道：

"我很想知道，您是怎么开始您宏伟或者庞大的事业的？"

就是这句话，库尔曼发现，没有任何人拒绝，而且他们还报以友好的微笑。此后，库尔曼的境况开始改变了。他在自己的传记中写道："这句话似乎有很大的魔力。即便那些忙得不可开交的人，只要你提出这个问题，他们总是能挤出时间来跟你聊。"

这样的一句话之所以能马上扭转客户对自己的态度，就是因为它是赞美客户的。每一个人都渴望得到别人的赞美，这种心理人皆有之，更何况做出一番事业的人呢？

因此，如果推销员想受到客户的欢迎，不要忘记使用赞美这种神奇的力量。这样做不仅能满足客户的心理，而且也能体现出自己善于欣赏他人的良好的修养。

送客户一顶"美帽"

销售员要想成功地实现销售，一个重要的环节就是通过谈话来博取客户的好感，吸引客户的注意力。如果开场就进行推销，未免显得有点唐突，而且很容易招致对方的反感。那么，怎样才能通过言谈赢得对方的好感呢？——送客户一顶或者一摞"美帽"。

"美帽"就是适当地赞美客户。

有一次，推销员吴清向一位年轻的律师推销保险。可是，律师认为自己这个年龄就考虑保险为时尚早。对此，吴清没有多做任何解释，也没有反驳律师的意见，只是在离开时说了这样一句话："律师先生，如果允许的话，我愿继续与您保持联络，我深信您前程远大！"后面这句话引起了律师的注意。但是，见过很多大世面的律师丝毫没有流露出自己惊喜的表情，只是冷静地问了一句："前程远大，何以见得？"

"几周前，我听了您在一次律师会议上的演讲，那是我听过的最好的演讲。当然，这不是我一个人的意见，很多人都这么说。"吴清真诚地说道。

听了这番话，律师有点注意这个推销员了。原来这位推销员还是欣赏自己的听众呢？看到律师的脸上有了笑容，吴清不失时机地向律师请教如何才能学会当众演讲。这下，律师的话匣子打开了，说得眉飞色舞。吴清告别时律师还送出门说："欢迎您随时来访。"

几年后，这位律师真的成为当地非常有名的一位律师。而吴清也成了他的好朋友，吴清的保险生意自然也越来越多。

由此可见，"美帽人人喜欢戴"。因为人们愿意听他人赞美。

他人的赞美会让自己有遇到理解自己的知己的感觉。因为有人认可了自己，心情就会变得无比舒畅。因此，推销员在拜访客户前不要忘记为他们精心准备一项美帽，适时给予他们恰当地赞美。

这样会让客户的优越感被满足，初次见面的警戒心消失，融洽进行沟通。之后再根据需要，在愉快的交谈中寻找机会推销，就会顺利很多。

当然，送给客户的美帽不是越多越好，有些时候，尽管推销员是出于好意的赞美，效果也未必都是好的。为此，送给客户的美帽要合适。比如赞美时话语要诚恳，切忌虚情假意；要实事求是，不可言过其实，无限拔高；要自然平实，不可做作。

在这方面，一流的推销员们都是很懂得赞美艺术的人。他们在拜访客户时，会表现得特别真诚，发自内心地赞美和欣赏客户；还有，他们对客户的赞美多是用自然的、平实的方式来表达。因为客户大多是普通人，或者是实干型的企业家和商人，不是什么文人学士，而且时间也有限，因此朴素的赞美反而要比用非常华丽的辞藻好得多。有些推销员还会当着客户的面，直接大胆地说出自己的赞美之词。

尽管推销高手深谙送美帽的艺术，但是，他们并非对任何客户都送上一摞美帽。他们懂得对新客户不去轻易赞美。因为在彼此还不是很熟悉的情况下贸然地去赞美客户，只会让客户产生疑心，增加戒心。至于对老客户，如果赞美，他们会细心观察老客户与以前相比有什么独特之处，然后有针对性地赞美，效果非常之好。

通过以上这些赞美的方式，送出去一顶甚至一摞的"美帽"，客户不但没有感到压头，反而"戴着"很舒服。客户舒服了，心情愉快了，生意成交的概率也就大大地增加了。

对客户独特之处大加赞美

在与客户沟通的过程中，赞美会很快取悦客户，并能够在客户心中留下美好的印象。但是，如果千篇一律总是老俗套赞美客户，什么"大名如雷贯耳、生意一定发财兴隆"，或者含糊其词地赞美一些"你工作得非常出色"或者"你是一位卓越的领导"等，这些缺乏感情的公式化的恭维语，客户不仅会腻烦，而且还会觉得推销员油嘴滑舌，没什么水平。因此，赞美是要讲究技巧和方法的，要有新意和创意，即要对客户的独特之处赞扬。

独特之处就是独一无二，自己所独有的。这些才是真正令客户引以为自豪的。如果推销员能够对客户这些方面大加赞美，客户就会感到推销员更加重视他、关心他、欣赏他。这样的赞美，客户岂能不愿意听？

在这方面，很多优秀的推销员都深谙这个道理，而且他们也通过这种方式让客户在不知不觉中接受了自己的推销。

美国有位商人亚当森是一个颇为懂得对他人独特之处大加赞美的人。

一次，著名的柯达公司的创始人伊斯曼想捐赠巨款在罗彻斯特建造一座音乐堂、一座纪念馆和一座戏院。这样大规模的建筑当然吸引了无数建筑商和装修商前来竞争。可是，最后来的却是亚当森，这位和伊斯曼既非朋友也非熟人关系的人成功揽下这笔生意。原来亚当森使用的就是对客户的独特之处大加赞美这个秘密武器。

当时，许多建筑商见到伊斯曼都争先恐后地述说自己的公司是怎样有实力，直说得伊斯曼晕头转向，也分不清他们谁优谁劣。在这样的情况下，亚当森出场却与众不同。他被引进伊斯曼的办公室后，看见伊斯曼正埋头于桌子上的一堆文件，于是便静静地仔细地打量起这间办公室来。

过了一会，等伊斯曼抬起头来发现了他，亚当森不失时机地说道："伊斯曼先生，我从事装修行业这多年，从来没见过装修得如此精致的办公室。"

"唔。"伊斯曼明白了他的身份，同时对这位装修行家的夸奖也感到意外。他有了谈话的兴趣，回答说："这间办公室是我亲自设计的。只是太忙了，以至于连仔细欣赏这个房间的时间都没有。"

"唔，那我就大开眼界了。"看到伊斯曼心绪不错，亚当森走到墙边，用手在木板上一摸说："我想这是英国橡木，意大利橡木的质地不是这样的。"

"是的。"伊斯曼高兴地站起身来回答说，"那是我的一位从事室内装潢的朋友专程去英国为我订的货。"伊斯曼边说边带着亚当森仔细地参观起办公室来了，他从木质谈到颜色，从手艺谈到价格，亚当森微笑着聆听，饶有兴致。

直到亚当森告别的时候，俩人都未谈及生意。可是后来，亚当森不但得到了大批的订单，而且和伊斯曼结下了终生的友谊。这与亚当森懂得赞美并且欣赏客户的独特之处十分有关。

由此看来，赞美客户一定要从独特之处下手。而且还可以列出大概两到三个甚至更多的优点来赞美，这样客户才会感到赞美很真实、真诚等。

也许有些推销员会说，我拜访的客户实在没有什么值得称道的啊！他们不是名人，不是什么大人物，也不是什么成功人士，长得也不漂亮，家庭也不富有……实在找不到他们有哪些值得赞美的地方，我应该赞美他们什么呢？

即便是这样，他们也有与众不同的值得赞美的地方，比如性格、气质、敬业的态度、与众不同的打扮、为人处世的水平等，这些都是可以大加赞美的，只是你要注意细心观察和挖掘罢了。

比如，你拜访的女客户并不漂亮，那么你可以赞美她活泼，或说她苗条，或说她健美，或赞美她的才智，她的聪明与幽默，或赞美她处理家务得井井有条，教育儿女有方等，这些都是她引以为自豪的地方！正是因为人们常常忽略了她这些地方，如果你大加赞美，女客户肯定心里会乐开花。另外，若是一位女客户讲究穿着，你也可以请教她如何搭配服饰等。

若客户是知名公司的员工，你可表示羡慕他能在这样知名的公司上班，比如："真的很高兴能有机会与您这样专业的公司合作。"即便客户是普通工人，你也可以赞美他的专业能力。比如："我早就听说过您对这一行很精通。您说的问题都说到点子上了，我真的很佩服……"等，这样也可以让双方的好感向前迈一大步。

值得注意的是，赞美客户的独特之处，除了善于观察、细心观察外，还要有一双与众不同的慧眼和与众不同的表达方式，那样的话，即便客户有一些问题，经过你的吉言妙语，哪些问题也会成为优点。

一次，一位业务员要在酒吧里招待一位木材商。在等待期间，这位业务员的伙伴议论说："这位先生虽然能干，但是大事情还是要听他太太的，未免……"

业务员马上打断说："他有那么大的工厂，需要处理的事情很多，总不能什么事情都亲力亲为吧？我想他一定是比较爱护太太，所以让他太太也满足一下当家作主的感觉……"

这段陌生人的对话，正好被走进来的木材商听到。他随即对那位陌生的业务员产生了莫大的好感。后来业务员也如愿以偿地得到了期望已久的合同。

由此可见，赞美客户需要站在一定的高度上，充分发掘他人的独特之处。

这样的赞美才会有品位、上档次。赞美一个人的行为和贡献，当然比赞美他本人的效果更好。所以，只有懂得赞美艺术的人，才能深得客户的欣赏与感激。

赞美要真诚，谨记虚情假意

不管是赞美，还是说漂亮话，真诚是第一位的，这样的赞美是实事求是的，发自内心的，是所有人都喜欢的。推销员赞美时要选择客户最心爱、最引以为豪的东西加以称赞，才能发挥出赞美的威力。

所以，请不要吝啬你的赞美，要真诚地去赞美你的客户——因为由衷的赞美是发于内心的枝叶，开在品格上的花朵。

一个穷困潦倒的年轻人到达巴黎，他拜访父亲的朋友，期望对方帮自己找一份工作。

对方问："你精通数学吗？"

他不好意思地摇摇头。

"历史、地理呢？"

他又摇摇头。

"法律呢？"

他再次摇摇头。

"那好吧，你先留个地址，有合适的工作我再找你。"

年轻人写下地址，道别后要走时却被父亲的朋友拉住："你的字写得很漂亮啊，这就是你的优点！"

年轻人不解。

对方接着说："能把字写得让人称赞，一般来说是擅长写文章！"

年轻人受到赞美和鼓励后，非常兴奋。

后来，他果然写出了经典的作品。他就是家喻户晓法国作家大仲马。可见，给予真心、真诚的赞美，对方都会开心地接受并从中获得力量。

现实中，很多销售人员在赞美客户的时候，都唯唯诺诺、声如蚊蚋。这表现不出你对客户的诚意，而且会让你的赞美变得很廉价。反观那些优秀的销售人员，他们夸赞客户的时候，都表现得大大方方，同时会流露出自己的真情实感。

当然了，真诚不一定是实话实说，或是说过头的话。如，你可以夸夸客户有本事，但是不可以说"你是我这辈子见过的最牛的老板"，即使真是这么想的，在开口之前，也要思量再三，否则，这话说出来，会让被夸赞者觉得你很假。

李晓是公司的运营主管，一次，他和几位同事陪远道而来的贾经理到KTV唱歌。贾经理唱歌调跑得厉害，一首过后，连自己都唱不下去了，他摆摆手说："哎呀，不行了，献丑了。"李晓说："唱得不错，不错，你这音质、气质都可以，如果平时多加练习，绝对和那些职业歌手不相上下。"贾经理听后，并没有笑，却奇怪地看了李晓一眼，不冷不热地说："你这话说的，我还是有自知之明的。"一时间，现场氛围有些尴尬。

李晓在赞美客户时没有把握好真诚的原则。他的赞美之词明显是随口说出的，所以对方会觉得不舒服。虽然人们都喜欢听赞美的话，但没有根据、虚情假意地赞美，不仅会让人感到莫名其妙，也会让人觉得对方虚情假意。例如，如果你见到一位明明相貌一般的男生，却非要说："哇，你太帅了！"对方会觉得你是在恭维他。但如果你从他的服饰、谈吐、举止等方面来赞美他，他就可能很高兴地接受。

赞美不是阿谀奉承，言不由衷、夸大其词，心怀叵测地夸赞对方的缺点和错误，其实是非常卑鄙的行为。所以，对客户的赞美绝对不能脱离客观基础，措辞也应把握分寸。具体来说，在赞美客户时应把握好以下几个要点。

1. 赞美他人要发自内心

真诚的赞美是对对方表露出来的优点的由衷赞美，所赞美的内容应是确实存在的，而不是虚假的。这样的赞美才能令人信服。如果你赞美他人时口是心非，不是发自内心的，对方就会觉得你言不由衷，或另有所图。

2. 不要把奉承误认为是赞美

真诚赞美是无本的投资，阿谀奉承等于以伪币行贿。真诚的赞美是发现——发现对方的优点而赞美之，阿谀奉承是发明——发明一个优点而夸奖之。

3. 赞美别人时要有眼神交流

赞美时眼睛要注视对方，流露出一种专心倾听对方讲话的表情，让对方意识到自己的重要，这样才能达到一种无声胜有声的效果。

4. 赞美要有见地

赞美对方的容貌不如赞美对方的服饰、能力和品质。同样是赞美一个人，不同的表达方法取得的效果会大相径庭。例如，当你见到一位其貌不扬的女士，却偏要对她说："你真是一位超级美女。"对方很难认可你的这些虚伪之辞。但如果你着眼于赞美她的服饰、工作能力、谈吐、举止，她一定会高兴地接受。

5. 用语要讲究一些

要尽量避免使用模棱两可的表述，如"还可以""凑合""挺好"等。含糊的赞美往往比正常的言辞还要糟糕，正常言辞至少让人能接受。

此外，赞美客户时，不能想着可以从其身上得到什么好处。这种赞美会让人感到不舒服。真诚赞美别人的前提是欣赏别人，如果赞美掺杂了很多目的性，那就动机不单纯了。

赞美要有度，说话要知深浅

几乎每个人都喜欢美食，但即使是自己最爱吃的东西，吃得太多也会觉得腻。赞美也是如此。虽然人人都爱听好话，但是对他人赞美的话语并非多多益善。有时候，赞美的话说得过了头，反倒会弄巧成拙。而恰如其分、点到为止的赞美，才是真正的赞美。

某公司销售员周强有一次去拜访一家商店的老板："先生，你好！""你是谁呀？""我是某某公司的周强。"老板一听说是某公司的，马上说："我不买产品，请你去别的地方推销吧。"周强说："今天我刚到贵地，有几件事想请教你这位远近出名的老板。""什么？远近出名的老板？""是啊，根据我调查的结果，大家都说这个问题最好请教你。""哦！大家都在说我啊！真不敢当，到底是什么问题呢？""实不相瞒，是……""站着谈不方便，请进来吧！"

就这样，周强轻而易举地取得了这家老板的信任和好感。有人不解，因为这商店的老板是没有任何人能说动的，就向周强请教秘籍。周强说："我没有任何秘籍，除了赞美。"

的确，赞美是交际的一种必需的训练。要在最短的时间里找到对方可以被赞美的地方，这才是你赢得客户的本领。赞美的内容很多，只要你的赞美到位、有度，就能起到神奇的作用。反之，使用过多的华丽辞藻，过度的恭维、空洞的吹捧，只会使对方感到不舒服，不自在。

一次，一名销售员到一位年轻的老板那里去推销保险。进了办公室后，他便赞美年轻老板："您如此年轻，就做上了老板，真了不起呀，在工作中是不太多见的。能请教一下，您是多少岁开始工作吗？"

"17岁。"

"17岁！天哪，太了不起了，这个年龄时，很多人还在父母面前撒娇呢。那您什么时候开始当老板呢？"

"两年前。"

"哇，才做了两年的老板就已经有如此气度，你是怎么当上老板的呢？"

"因为家里只有我和妹妹，家里穷，为了能让妹妹上学，我就出来干活了。"

"听说你妹妹也很了不起呀，你们都很了不起呀。"

就这样一问一赞，最后赞到了那位年轻老板的很多家人，本来这位老板打算购买推销员推销的保险，听他这么一说，便放弃了。起初，听到几句赞美后，这位老板心里还很舒服，但是接下来的赞不绝口，让他感到有些厌烦。

任何一个人，在听到别人过分的赞美后，心中不免会拉起警戒线：他这是要干什么，他为什么会这么言不由衷？例如，公司派你去与客户洽谈合作事宜，你总是不断地夸赞对方公司有多厉害，老板有多牛，但客户听了，可能会觉得你在无事献殷勤。人被赞美得过了头，只会觉得没有意思，也难以从中感受到你的真诚，这对合作交流并无好处。

这里，我们可以做个换位思考：如果一个人不断地夸你，开始你会觉得不大好意思，认为对方挺欣赏你的。但如果对方夸赞过度了，你会觉得"此人说话好假啊，我有你说的那么优秀吗"。说白了，人多少都还是有自知之明的，当他人把一个人夸得天上有地上无的时候，这个人一定会怀疑对方的动机。

既然赞美客户要有度，那该如何拿捏这个度呢？

要知道，这个世界上，没有完美无缺的人，人终究是有缺点的。在夸客户的时候，不能只盯着对方的优点，有时，也要适当谈谈对方的缺点，让对方觉得你说的话有理有据，而且是很诚恳的，不完全是空话、套话。如此，赞美的话就会显得更有分量，更让人服气了。

赞美要有真凭实据

赞美要有真凭实据，真实可信，不要显得空洞虚伪。每个人都不缺少被赞美的地方，缺少的是发现，一旦你发现了某人身上不常被提及的优点，他就很可能将你视为知己。毕竟这个世界上卓越的人并不多见，就算是平常人，你在发现他的优点后，再据此去表达赞美之情，他会很高兴，因为他会感受到你了解他，而不是瞎说。

风靡全球达半世纪的喜剧泰斗卓别林，1975 年 3 月 4 日，以 85 岁高龄在英国白金汉宫被伊丽莎白女王封为爵士之尊荣。

在封爵仪式中，女王对兴奋的卓别林说："我观赏过许多你的电影，你是一位难得的好演员。"事后，有人问卓别林受封的感想，他有点遗憾地说："女王陛下虽然说她看过我演的许多电影，并称赞我演得好，可是她没说出哪部电影的哪个地方演得最好。"

由此可知，赞美必须说出具体事实，尽量针对某人做出某件事，才会发挥好的效果。

如果一个人的赞美没有事实的支撑，言之无物，那么，这种赞美就会让对方感觉你很虚伪做作，只是在随意地敷衍他人，根本不是真心地在和他人交往。这样的结果就是，他人不再信任你，你们的友谊也就失去了发展的空间。

赞美他人有一些小技巧可以借鉴，比如：最好借用第三者的口吻来赞美，因为经旁人转述而来的赞美，才是最令人高兴的。转述的赞美是当面双倍效果的赞美，比当面直接的赞美更有威力、更有意义。比如说："怪不得有人说您越来越漂亮了，刚开始还不相信，这一回一见可真让我信服了"，这种转话的方式就比"您真是越来越漂亮了"更有说服力，而且可避免轻浮、恭维奉承之嫌。

再则，如果能因人而异地赞美，达到的效果又会不一样。在赞美时应该做到：看准赞美目标，避免冒犯客户。比如说，男人喜欢别人说他有气概、强壮、精力充沛等，而女人则喜欢别人赞美她的发型、容貌、服饰、皮肤等，对老年人应该更多地赞美他辉煌的过去、健康的身体、幸福的家庭或有出息的儿女等，对年轻母亲应赞美她的小孩，这往往比直接赞美她本人更有效……

如果一位书法家请求你鉴赏一副他的近作，此时你最好赞美作品，不过，如果你没有赞美他的作品，而是对他的笔墨纸砚很感兴趣，大肆赞扬。这就不太恰当。

赞美时还要多赞美对方的个人情况，比如："您的孩子长得真像他爸爸，将来也肯定是个社会精英。""您住的地方环境真好，眼光确实不同凡响……""您家院子真漂亮，是您照顾的吗？您在工作之余还将院子整理得这么好，真是佩服……""听说您在书画方面也堪称专家，外界仰慕您书画的人也很多呀！"

赞美对方个人情况，要引起对方的共鸣，而且应更贴近于生活，这样易于就此展开探讨和交流。

赞赏顾客的专业性

不要觉得顾客是挑剔，这类顾客往往有自己独到的见解，就算他们说的不对，也要以赞赏的口吻对他们。

例如，有位年轻女士前来选购服装，她要求服装的款式新颖，而且不落俗套，同时价钱适中，这时推销员可以用很客气的语气说：

"您好，我们这里陈列的大部分服装都是本公司新近设计制作的。您到这里看看，这是女士专用服装部，您瞧，这几件服装在款式和色调上与您所要求的基本一致。有关服装专家对这种服装做过评价，认为这是本年度即将流行的式样。"

这位女士也许会这样说："我这次就是想买一件适合自己体型和年龄的服装，你说的这件外套很不错，而且款式也新，但我觉得颜色是不是有些浅了，这样在质料的感受上会受影响。"

"您看问题真是有眼力啊！这的确是不同于以往同类服装的新款式，但它很适合于您。因为即将流行，目前已经有很多顾客要求订购，因而在价钱上也很合理。您说这件外套颜色有些浅，其实这正是这件服装吸引人的所在，而且良好的质料会弥补人感官上造成的生硬感。有很多女士乐意购买这套服装呢？我想您也会的。"

以这种方式向顾客推荐服装，有助于增进与顾客间的交流，服务人员及时的帮助和解答，会减少顾客在选购服装上所花费的时间。推销员要想使顾客更容易接受他们的建议，首先应做到的就是要充分尊重顾客的意愿和选择，不能将自己的意志强加给顾客，否则就会给顾客造成压力感，使他们感到不快甚至无法成交。

另一种"专业型"顾客，常常以为自己对产品有一套大理论。通常情况下，人的气质性格的形成与后天因素有很大的关系。这类客户害怕自己跳进推销员的"陷阱"中，怕被强卖于身，所以不敢让推销员介绍。他们这是不得不用的自我防卫的一种手段。但同时又想引起人们的注意，希望人们能够给以自己很高的评价。为此，推销员要对此类客户做一番研究，要采取恰当的方式，这样离成功签单才会不远。

赞美客户，给他们心理满足

顾客消费是为了什么？难道只是为了消费商品的实用价值吗？有些人是为了满足使用的需求，有些人则不完全是这样。在人们物质生活水平提高、消费观念日益更新的时代，很多客户购买商品或者服务就是为了实现心理上的满足。

从心理学的角度来看，一旦一个人在心理上获得了一种满足感，那种愉悦简直是无法比拟的。有时候即便对方所提供的服务不能令自己完全满意，但是心理上能得到一种满足感也回引以为自豪的。让我们来看一下这种心理满足感有如何奇妙的作用：

日本前首相田中角荣在对付各种请愿团时有这样一个习惯，如果接受了某团体的请愿，便不会送客；但如果不接受，就会客客气气地把客人送到门口，而且一一握手道别。

结果呢？那些没有达到目的的人不但不埋怨他反而会因受到他的礼遇而满怀感激地离去。因为首相竟然把他们客客气气地送到门外，并且很多人都看到了这种场面，这对平民百姓来说是何等荣耀的事情啊！因为被尊重的心理得到满足，因此即便问题没有解决，他们的心中也充满了满足感。

由此可见，人们的心理是多么奇妙。推销员如果懂得运用此种艺术，不论从事管理还是从事经营都能收到奇妙的效果。

有一次，保险员李谈来到一家生产服装的工厂拜访一位老板。这位老板一听他是推销保险的，就以不需要为理由想把他打发走。可是李谈没有离开，他当着众多员工的面故意放大声音说："老板，我相信贵公司的员工原本并不是都热爱服装行业，立志终身奉献成衣业而到贵公司工作的，但他们都因仰慕您的为人，才到这儿的。他们通过工作和您接触，了解了您的为人，因此也发誓要跟随您了。"

说到这里，李谈扫视了一下在场的员工，继续说："既然全体员工都怀着对您的仰慕之情，您打算如何回报他们呢？我认为只有您永葆健康、平安无忧才能……"接下来，他的推销竟顺理成章了。

在这里，我们看到，李谈很好地满足了老板希望受人称赞、受人仰慕的心理，才使得老板无法拒绝自己的推销。

由此可见，要推销产品先要满足客户的心理，得到客户的认同，让客户感到欢喜，然后才能去推销。

当然，客户各种各样，有些客户比较容易沟通，有些却很难相处，有些甚至会故意给销售人员出些难题。尽管客户不同，地位身份也各不相同，可是他们都有一种希望被人尊重、被人称赞，甚至被人仰慕的心理。因此，推销员要能够读懂形形色色客户的心理动机。

有个推销员的任务就是向每个食杂店推销各种唇膏、洗发水之类的高档化妆品。其他推销员进店都是进去直奔老板的办公室，和老板"套近乎"，送点小礼物或共同聚餐，至于对那些保洁、库管之类的员工几乎都不曾正眼相看。可是，这位推销员每次到各个店去拜访的时候，不论是正在从事保洁的人员还是正在理货搬运的人员，他都会一一打招呼，或者亲热地和他们聊一会，之后再去拜访老板。

一天，这家化妆品店的老板突然告诉他今后不要他们公司的货了，原来老板听其他商家说这位推销员给他们的价格与其他店不一样因而产生了怀疑。

推销员只好离开商店。他开着车子在街上转了好久，最后决定再回到店里，把情况问清楚。

这次他走进店里，照常和那些普通的员工们亲热地打过招呼，然后再到里面去见老板。谁知这次老板的脸色却阴转晴，不但笑着欢迎他回来，并且比平常多订了一倍的货。

推销员不明白老板的态度为什么来了个180度的大转弯。老板告诉他："在你离开店以后，保洁曾告诉我，你是那些推销员中唯一每次都同他打招呼的人。从这一点来看，我认为你不会厚此薄彼，值得和你这样的人做生意。"保洁员的一席话竟然就让老板改变了看法。

这个推销员之所以能够扭转败局就是因为他关心、重视每一个小人物，使那些小人物的在关键时刻帮助了他。

可见，推销并不是产品过硬、价格合理就可以吸引客户购买的。客户之所以购买，首先是因为他们的心理能够得到满足。如果明白了这一点，推销就会无往而不利了。

第四章

戳中感观痛点，把握顾客真正需求

时代不断进步，大量信息的集体轰炸使客户有更多的选择，卖方也不断地推陈出新，竞争愈演愈烈。在这样的时代，推销员不能总用老招，该动脑筋，想办法提高效率了。

每一个客户都有"痛点（软肋）"，例如他们往往有争强好胜、趋利避害、跟风等购物心理，且不想让别人看破。就找到了进攻的点，而且效果特别好。可惜的是并没有多少推销员真正懂得如何运用找到客户的"痛点"方法进攻，于是很多销售大多半途而废。

抓住客户的心理弱点

每个人都有自己的心理弱点，这些心理弱点是人心中最敏感的地带，于是，人们通常对自己的心理弱点千方百计加以保护，不肯轻易向他人透露。这是人们维持自尊心和"面子"的需要。

可是，对于充满智慧的推销员来说，客户的心理弱点看起来像堡垒一样密密麻麻地包裹着，其实也是最容易被攻破的地方。由于客户在有意识地保护自己，虽层层包裹但能够让人看出，因此也才容易被攻破。聪明的推销员往往会从"内心保垒"打开营销的突破口。

一般来说，客户心中最敏感的地方也是他们最担心、最惦念、最关注的地方。在这方面，如果能帮助他们解决最担忧的问题，消除他们的后顾之忧，客户没有不欢迎的道理。但是，因为这些心理弱点客户较敏感，因此说服他们时需要斟酌言辞，小心保护他们敏感的心灵，不让他们受到伤害。

一次，一位人寿保险推销员经人介绍认识了一位客户——一位退休在家的老太太。可是这位老太太有点孤僻，由于她长年独自一人生活，对任何陌生人都持有戒心。

尽管这位推销员经熟人告诉了老太太，可是等他到达老太太家门口时老太太还是很戒备地从门缝中盯着他看。推销员看出了老太太此刻的心神不宁。但因为是第一次见面，他不好说更多。推销员第二次登门拜访时，令老太太感到吃惊的是，他居然带着安装电话的人来了。原来推销员登门拜访时发现老太太身体欠佳，又一个人住，很不方便，所以为他申请了一部电话。以免当她有病时，可以立刻寻求到救助。

这下解决了老太太日夜担心的问题。老太太对这个保险员的戒心彻底消除。虽然她一向对投资保险并没有多大的兴趣，但还是支持了这位推销员的业务。因为她相信这位推销员所做的一切是可以帮助自己安享晚年的，对他充满了感谢和依赖感。

试想一下，如果当时推销员说"您偌大年纪了，一个人在家多危险、多寂寞、多不方便"之类的话语，老太太能爱听吗？

因此，要打动客户的心就要抱着真诚关心客户的目的考虑，想办法解决他们的后顾之忧，而不是把他们心中最敏感最脆弱的地带大曝光，让他们感到自己与其他人相比相形见绌。这才是关心和尊重客户的表现。

只要能让客户感觉到关心和受尊重，他们也会关心和尊重你的业务。

说话前要察言观色

每个人说话前都会有所考量，什么话可以接，什么话不要再提，别人的话里有话也要辨识出来。如果不经思考便脱口而出，除非你有读心术，不然你的回答只会片面且伤人，而且显得自己愚蠢。推销员在推销中更要注意此点，要为自己的一言一行负责，说话前要观察，是否与对方的问题观点保持一致。

察言观色是一切交际中的基本技术。不会察言观色，等于不知风向便去转动舵柄，弄不好会在小风浪中翻了船。人的直觉虽然敏感却容易受蒙蔽，懂得如何推理和判断才是察言观色所追求的顶级技艺。

言谈能告诉你一个人的地位、性格、品质及至流露出的内心情绪，因此善听弦外之音是"察言"的关键所在。

如果说观色犹如察看天气，那么看一个的脸色应如"看云识天气"般有很深的学问，因为不是所有人所有时间和场合都能喜怒形于色，相反有些人是"笑在脸上，哭在心里"。

"眼色"是"脸色"中最应关注的重点。它最能不由自主地告诉我们真相，人的坐姿和服装同样有助于我们观人于微，进而识别他人整体，对其内心意图洞若观火。

如果一个推销员盲目地走进一家住户，什么也没观察，推门就进，滔滔不绝地张口就向人家介绍保险的情况。结果可能会被人骂个狗血淋头。为何如此呢？原来这家人穷得连锅都揭不开了，怎么还会关心保险呢？这样做不但打扰了别人，也浪费了自己的时间。

所以，要培养自己敏锐的观察力和判断力，在拜访前应该观察的，一是门前的清洁度，二是院子的清理状况，三是房子的新旧，四是家具如何，五是屋子里传达出的声音，六是整个家庭的气氛。

之后，根据观察到的种种情况发挥判断力作出判断：

第一，这户人家有无生活规律，是松散还是严谨？

第二，这户人家经济状况好吗？

第三，这户人家中的气氛明朗健康吗？

第四，这户人家假如经济状况良好，那么对保险会感兴趣吗？

第五，这户人家如果应为经济困难或是家中有人重病而无法投保，又该如何去办呢？

人际交往中，对他人的言语、表情、手势、动作以及看似不经意的行为有较为敏锐细致的观察，是掌握对方意图的先决条件，测得风向才能使舵。

掌握客户购买的理由

要把握客户的真正需求，就要了解其为什么要购买。一般人购买商品的理由可从下面八个方面来了解：

1. 商品给他的整体印象

广告人最懂得从商品的整体印象来满足客户购买产品的动机。例如，象牙肥皂应不强调肥皂品质好，而应以"象牙令您身心清爽、愉悦"作为满足客户购买的需求。"劳力士手表""奔驰车辆"虽然是不同的商品，但它们都在满足客户表征地位的利益、整体形象的诉求，地位等鲜明的需求上让人眼前一亮。

所以，人在推销时，不妨从此处着手试探准客户最关心的利益点是否在此。

2. 成长欲、达成欲

成长欲、达成欲是人需求的一种，类似于马斯洛所说的自我成长、自我实现的需求。例如电脑能提高工作效率，而想要自我提高的人就会到电脑补习班去进修电脑。想要成为专业的经纪人，就会多参加一些管理的研习会。这些上电脑课、参加研习会的理由就是在满足个人成长的需求，而这些需求是这些人关心的利益点。

3. 安全、安心

现今，满足个人安全、安心而设计的有形、无形的产品不可胜数。想很多无形的产品如各种保险，有形的产品如防火的建材等。

安全、安心也是准客户选购产品时经常会考虑的理由之一。一位销售小孩玩具的推销员，提到每次有家长带小朋友购买玩具时，由于玩具种类很多很难取舍，然而，推销员只要告诉家长，某个玩具在设计时如何考虑到玩具的安全性时，家长们几乎都会立刻决定购买。

4. 人际关系

人际关系也是一项重要的购买理由。例如，经由朋友、同学、亲戚、师长、领导们的介绍而迅速完成交易的例子，也是举不胜举的。

5. 便利性

便利是带给人利益的一个重点。例如，自动挡的便利性是吸引许多女性购车的重要理由，电脑软件设计的简便性也是客户购买的重点，便利性是打动许多人购买的关键因素。

6. 系统化

随着电子技术的革新，现在许多企业都不遗余力地进行着工厂自动化、办公自动化的发展。这些企业购买电脑、文字处理机、复印机、传真机等所谓 OA 产品的时候，都是以能否构成系统化为条件而选择，即是因系统化的理由而购买子。

7. 兴趣、喜好

销售的商品若能和客户的兴趣、喜好结合在一起，一定能让推销员和客户双方都皆大欢喜。

8. 价格

价格也是客户选购产品的理由之一，若是客户对价格非常注重，就可向他推荐在价格上能满足他的商品，否则，只有找出更多的特殊利益以提高产品的价值，使他认为值得购买。

9. 服务

服务分为交易中的服务及售后服务。因服务好这个理由而吸引客户络绎不绝地进出的商店、餐馆等比比皆是；好的售后服务更具有满足客户安全及安心的需求。因此，服务也是找出客户关心的利益点之一。

顾客关心的就是你关心的

推销的最终目的就是说服客户购买产品，但如果客户感觉到你唯利是图，丝毫不考虑他们的感受，那么也没有办法达成销售目的。

大部分的客户都是感性的、情绪化的，他们的行为更多是建立在对推销员本人是否有好感上的。因此，推销员时时刻刻都要从客户的角度考虑，并非都从单纯的销售产品入手。只有让客户感觉到你时时刻刻都可以和他形成互动，沟通投机，并且他能感受到你的亲切、贴心，才能拉近双方的距离。

世界著名的推销员乔吉·德拉，他在探询客户的需求时不是直截了当地推销汽车，而是先为即将过生日的客人去买一捧鲜花。结果，没有购买欲望的客人居然转变了自己已有的购物打算，转而购买了他们的汽车，他就是从关心客户的角度考虑出发。

所以，要探询出客户的需求，当然要关心客户每时每刻的感受。以下方法可以借鉴：

1. 谈话没有明显的功利性

推销员要得到自己想要的，首先要帮助客户得到他们想要的。比如，对于一个书店的导购员来说，客户来书店，并非都是为了购买书籍，也许是因为喜欢导购员、想和他们说说话、排遣郁闷等，也许是为了观赏店里独特的氛围。这就告诉我们，推销员对待客户要像跟朋友相处一样，多从客户的感情、心理等方面考虑，和他们互动沟通，很认真地对待谈话而不是只盯着客户的钱去介绍产品。

如果推销员通过自己的服务满足了客户的各种各样期望值，那么，即便今天不能成交，总会有一天能成交的。当然，这不是在家里聊天，要注意说话的时间，更要注意从谈话中听出客户内心的需求。

2.寻找共同感兴趣的话题

一名优秀的推销员不但要具备过硬的业务知识和个人修养，而且还要能通过自己的表现，引起客户交流的欲望，特别是在与人交谈时。

推销员同人交谈的最大困难就在于不了解对方，因此同人交谈，首先要解决好的问题便是尽快熟悉对方，消除陌生感。要探询出客户的需求，比如：试探性地引出彼此都感兴趣的话题，这样就可以设法在最短时间里，通过敏锐的观察初步地了解客户的购物爱好，从中抓住客户的真正需求。比如，有位推销员向一个女孩销售化妆品，第一句话提到的是"毒辣辣的太阳，简直要把人的皮肤都晒黑了"。这确是女孩非常关注的，因为女孩很在意自己的肤色，尤其是在公众场合。于是这样，便很自然地就建立了一种继续探讨的语境。

3.学着用客户的方式和他们对话

有时候，你想探询出客户的需求，但是他们有时候就是不配合。特别是面对他人或者心情不好的客户时，怎样才能取得他们的信任呢？这就要求推销员学着用客户的方式和他们对话。

一个五六岁的孩子因为父母吵架，撑着一把雨伞蹲在墙角，不吃不喝。两天过去了，孩子体力极度衰竭。最后，父母不得不请来著名的心理咨询师。

这位心理咨询师没有去告诉孩子不吃不喝的害处，也没有去劝导孩子应该怎样做，而是也要了一把雨伞在孩子的跟前蹲下了。他面对孩子，注视着孩子的双眼，向孩子投去关切的目光。

这时，孩子自言自语地说："蘑菇好，刮风下雨听不到。"

心理咨询师："是的，蘑菇好，蘑菇听不到爸爸、妈妈的吵闹声。"这时，孩子流泪了。

心理咨询师："做蘑菇好是好，但是蘑菇也需要营养，否则也长不大。我们看蘑菇也需要吃点东西，那样才能支持住，能看到它是怎样一天天长大的。"说完，心理咨询师掏出一块巧克力放进自己嘴里大嚼起来。

此时，孩子也说出："我也要吃巧克力。"心理咨询师给了孩子一块巧克力。

心理咨询师："吃了巧克力太渴，我要去喝水。"说着，他丢掉了雨伞，站了起来，孩子也跟着站了起来。

这则故事告诉我们，学着用客户的方式对话，是一个初步取得信任的过程。只有取得了客户的信任，他们才能向你敞开心扉。

有些推销员可能会认为：如果只是满足客户的心理期望，或者让他们为买一件产品花上我大半天的时间，会影响我的业绩。其实，你的利益和客户的利益在根本上是一致的。只有客户的利益得以实现，自己的利益和公司的利益才有基础。如果你的推销是站在帮助客户的角度，从关心客户的角度考虑，你的客户就会越来越多。

推销员和客户虽然是通过商品交易联系在一起的，但是从根本上说，推销员是在做人的思想工作。因此，只有切实从客户的角度考虑，帮助客户实现利益，客户才会乐于与你成交。

怎么说怎么做全看客户需要

既然客户愿意倾听推销员的介绍，那么就证明他们多少都是有需求和欲望的，只不过购买能力有差别而异。但是，很多推销员不是以貌取人就是把自己背熟了的产品样式和功能一篮子兜售给客户。如此推销又怎能达到目的呢？

我们常常会听到有些推销员抱怨：明明刚才那个客户看好了这个产品，也想买，但是最后还是没有成交，真是莫名其妙！

这种情况并不少见。有时，尽管推销员介绍得唇干舌燥，就是无法吸引客户。这样的结果不是客户造成的，而是推销员没有明白客户的真正需求。不明白客户到底需要什么，产品怎样的样式和功能才是最适合他们的。推销员不了解客户需求的推销就是盲目的推销，当然也注定无法获得客户的肯定和欢迎。

有三个卖水果的小贩在著名的工业区中摆摊。五月份，杏儿刚开始采摘，他们就采购了一批，想大赚一笔。

傍晚时分，三三两两的女工走出来，其中一位女工听说卖杏，就直接走了过来。这时，第一位小贩急忙夸奖自己的杏儿又大又甜，但是，女工尝了一口后，扭头就走。

第二位小贩虽然不知道购买者喜欢吃酸还是甜的，但是他说他有各种各样的杏儿。结果呢？这位女工看了看，还是不满意，也就没有成交。

第三位小贩没有急于推销自己的杏儿，而是先和女工拉一些家常。当她得知女工是为刚怀孕的儿媳妇购买时，第三位小贩马上为女工量身定制了。他说自己的杏是新鲜而且特酸，准保吃了开胃，胃口好就可以生个大胖小子了。说的女工笑了。于是，与第三位小贩顺利成交了。

同样卖水果的小贩，第三个小贩的生意最好。为什么呢？因为第一个小贩连客户的需求都不知道，只是自说自话，当然无法成交；而第二位没有深入挖掘客户所需求的，也没有达到成交的目的；只有第三位，通过探询，明白了客户真正的购买目的，顺利推出了自己的产品，马到功成。

在与客户沟通的过程中，很多推销员经常会遇到像上面两位小贩那样误解客户意图的情况。只把关注的焦点放在客户的钱袋，而忽略了客户的真正需求。推销员如果和客户交流的话题仅仅限于产品或服务上，而对客户需求了解甚少的话，又怎么去满足客户心中真正的需求呢？

因此，要想让客户接受你的推销，并购买你的产品或服务，就必须了解客户的真正需求。只有挖掘出客户的真正需求，才能为成功推销打好基础。

挖掘客户的真正需求是一门大学问。你没有挖掘到，说明你还没有足够了解客户。为此，推销员在和客户沟通时，要有深邃的洞察力，要能在最短的时间里弄清楚客户的真正所需。可以采取的方法有：

1. 弄清客户需求的方法

（1）步步深入法

在挖掘客户的真正需求时不要被客户表面的一些现象所蒙蔽，你可以顺着这样的思路巧妙引导客户：购买商品由何人使用，在何处使用，什么时候使用，想要怎样使用，为什么使用，如何使用……

按照这种顺序，顺藤摸瓜就可以了解客户的真正需求了。

（2）发现客户的主要需求

客户对商品会有许多需求，但其中必然有一个需求是主要的。能否满足这个主要的需求是促使客户购买的最重要的因素。因此，推销员一定要挖掘到客户的这个主要需求。

就像上述故事中小贩所卖的杏儿一样，同样都是卖杏儿，但是女工要买酸酸的那种，这才是她的兴趣点所在。

（3）听懂客户的潜台词

有些客户也许是因为性格原因，也许是因为心理上的顾虑，他们对自己的真正需求可能并不会坦白说出。

比如：当客户想要购买一件时髦的皮草衣服时，她也许会告诉你，她上班的地方实在太寒冷了。

如果推销员相信了，肯定会为她介绍面料厚一点的衣服，而忽略了款式。但实际理由购买者也许是因为隔壁邻居买了一件或者她想在男朋友面前显示一番。在这种情况下，她更看重的是款式的新颖和时髦。如果推销员没有理解她的潜台词，怎能为她介绍适合的款式呢？

因此，面对这种情况，推销员需要调整自己的直线思维模式，不要顺着客户的表面需求走，要顺藤摸瓜，一旦发现客户对自己介绍的产品不满意时马上调整思路，不妨这样问客户：

"我是否可以问一下您对这件产品有没有不满意的地方？"

"你最喜欢哪种款的产品？"

从客户的回答中，可以了解他们喜欢什么、不喜欢什么，而了解了客户的真正需求，推销员就可以在推荐产品时，为客户想要的方面多提供些信息。

（4）引导客户说"是"

在和客户的沟通中，你可以这样问客户："你需要的是这样的吗？"当客户频频使用"是"等肯定性的词汇来回答时，就意味着他开始认同你的话题，你的推销就有了一个让人兴奋的开始。

2. 询问客户的原则

要真正挖掘出客户的需求，需要全面考虑客户的不同需要与行为差异，也需要遵循一些询问的原则。因为有些客户的需求比较模糊，有些客户的需求可能是多方位的，因此，要注意一些询问引导的原则。

（1）问简单的问题

想要客户说出自己的需求，就需要使用循序渐进的方法，先询问一些简单的问题，并通过客户的表情和回答判断是否有必要再进一步提一些深入的问题，这样也便于客户回答。

有位女士想买一台空调，但是，推销员开始把国内的、国外的，节能的、环保的都一一向她介绍，最终，客户反而不清楚那种空调好，自己不清楚要选哪种了。

这位客户的需求本来很明晰，原本只要稍加引导就可以成交，但由于推销员对产品过多的介绍，反而让客户对自己的需求产生了怀疑。因此，要挖掘客户的需求有时需要简单。

（2）不要问敏感的问题

有位男客户想为女儿买一台笔记本电脑，但是，因为不懂原理和款式，选择时很犹豫。

此时，推销员问道："你女儿没有下班吗？怎么不让你的女儿亲自选择，她看中哪一种，不就马上可以做决定了吗？"

然而，男客户面露不满，转身就离开了。

原来，这位男客户与妻子离婚了，女儿和妻子住在一起，为了弥补自己对女儿的爱，这位男客户才想到给她买笔记本电脑，没想到推销员却在他的伤口上撒盐。

这位客户的疑虑的是款式和颜色，推销员在此方面引导挖掘就可以了，但多嘴多舌，反而让客户的需求化为泡影。

（3）千万不能以貌取人

许多推销员经常犯以貌取人的错误，他们常常从客户的穿着来判断他们的购买能力。这种方式也会妨碍自己了解客户的真正需求。

一位 30 岁上下的女人怀揣着 2000 元钱来到一个服装品牌柜台。由于她穿的是去年款式的旧鞋子和街头小店风格的上衣，于是，导购员断定这个女人并不是一个大主顾，不过是利用中午时间来看看的，于是轻而易举地放过了这个客户。

虽然，2000 元钱是这个女客户 1 个月的工资，但是，她的宝贝女儿要出国到美国去留学了。这对一个小城市的普通市民来说是多大的荣耀啊！为了庆贺女儿的成功，她这次购买行为的可能性是 100% 的。

这位导购员以貌取人，没有挖掘到客户的真正需求，于是没有成交。

推销员只有了解客户的真正需求，才能引导客户成交。只有挖掘了客户的真正需求，才可以判定哪些是真正的目标客户。因此，推销员必须通过观察、询问等方式引导客户，而不能只是站在推销的角度泛泛而谈。

这世界不变的只有变化，因此，推销员在推销的过程中，对一些出乎意外的突发性事件，要能根据情况采取相应的对策，做到随机以变。

推销员想要推销好要细心观察客户的每一个细小变化，随时把握客户的心理活动，设法满足他们的各种心理要求，这样才会有收获甚至一些意外的收获。

控制话量，少说长篇大话

无论你在那里都可以听见某些人喋喋不休的大嗓门。这类型的人属于滔滔不绝型的人。

如果推销员滔滔不绝的一直不停地说话，想借此来说服客户，使生意得以成交，实际上有时会效果相反，有些客户不喜欢听长篇大话。

美国著名的心理学家乔伊思·巴德斯博士认为滔滔不绝型的推销员是受了自我膨胀症候群的影响。这种人的特性是他们活在自己思维模式的世界里并且认为自己是最棒的。这种活在自我世界里的人，很少与旁人有目的性的沟通，因为他认为自己通晓一切，是个万事通。

自我膨胀的人常给自己添麻烦，他会常和别人争得面红耳赤，或嫉妒别人的成就，或看轻其他人。他还会在未衡量事情正反面时就立刻排斥一些事情，依自己的想法和意见来下结论，他一般不在乎别人的感受。

这种滔滔不绝的人通常交不到朋友，而且会失去一些原来的朋友。虽然他来来去去都面带着微笑或是笑声不断，留给别人似乎是一个乐天派的印象，但是在他自己的内心深处，他是孤独又悲伤的，他甚至厌恶这个的世界。

如果你发现自己也沾染了这样的行为，你不妨给自己一个改变的空间，尤其在推销业界更是如此。管住嘴，因为滔滔不绝的毛病会使他们陷入许多的难题之中。

在专业的推销业界中，每一位推销员都必须了解与切记一件事：那就是我们并不是靠口若悬河才使生意成交的！我们之所以能成功地完成交易，乃是因为深谙沟通的技巧和询问的艺术。

我们应该放慢说话的速度和降低说话的音量，采取一个较低的姿态，并且以问答的方式来延续和客户之间的谈话，我们应该学习何时闭上嘴，必要时不妨保持沉默，因为"沉默是金"。在成交之后，推销员应该尽量避免谈太多有关购买产品的事。

一旦客户决定要买某项产品，他会签好一切必要的文件，也会付清货款或订金，这时他会觉得自己和推销员之间的关系更密切了一些。

因此，此时他不想再扮演聆听者的角色了，他希望自己也能说些话，但是这时候却又偏碰上某些推销员只顾一而再，再而三地重复强调产品的特性，而不让客户发言。

美国亚利桑那州的推销员老师对推销员学生们说："如果你仍不住口，你有可能会因此而买回自己的产品。"滔滔不绝型的推销员有很多没有停止说话过，还有很多在生意成交之后仍喋喋不休。

这些情况下往往隐藏着危机。因为推销员喋喋不休的同时，不经意地会泄露了产品、公司或他个人的某些问题。事实证明在这种情形下不乏客户又取消了订单的例子。因此，推销员不要做画蛇添足、玩火自焚的事。

有一句成语是这么说的："语多必失。"这句话是智慧的箴言。在你的生意成交之后，你最好只对客户说："某某先生，在我离开之前您还有什么问题吗？"如果你的客户有问题，你就仔细聆听。如果他没有任何的问题了，你就礼貌地谢谢他之后离开。

委婉表达顾客说不出口的痛点

对于顾客的痛点，他们往往不希望被人察觉出来，但又希望对方能懂。所以很多时候，人与人的交际，有许多只可意会不可言传的技巧。推销员要懂得委婉一点表达，最好让客户自己说自己的问题。

有个人十年来始终开着一辆车，未曾换过。有许多汽车推销员跟他接触过，劝他换辆新车。甲推销员说："你这种老爷车很容易发生车祸。"乙推销员说："像这种老爷车，修理费相当可观"，这些话触怒了他，他固执地拒绝了。有一天，有个中年推销员到他家拜访，对他说："我看你那辆车子还可以用半年；现在若要换辆新的，真有点可惜！"事实上，那个人心中早就想换辆新车，经这个推销员这么一说，遂决定实现这个心愿，次日他就向这位与众不同的推销员购买了一辆新车。

这个案例中，甲推销员和乙推销员出于推销自己产品的欲望，对客户现有的汽车做了不良言论，招致客户的反感，引发了客户的逆反心理。推销员可以为自己的产品自豪，但不能对其他同类产品进行带有恶意的评价，这样不但不利于推销，而且会引发客户对推销员人品的怀疑。相反那位中年推销员能够从客户的角度出发，理解客户的情感，反而激起了客户的购买欲望。

曾经有一位下岗工人很不容易地找到一份保险销售员的工作，但是销售业绩十分低。他很痛苦，也很急躁，窘迫的收入越来越难维持他那捉襟见肘的生活。他找到一位推销高手，询问打开销售的钥匙。推销高手没做过多的解释，只是打开录音笔，任他在那里倾诉自己的困苦。下岗工人言语中，充满怨恨。

过了一会儿，推销高手问他："你的妻子和孩子都好吗？"下岗工人的眼里立刻闪出异样的光彩，他侃侃而谈，特别满意地介绍着自己的家庭，并发誓要让这个家得到幸福。此时他的语气竟是那般和善。

接着，推销高手把他前后两种态度的说话片段放给他听，请他对比，并问他："如果你是一个客户，在介绍你所销售的商品时（不管它是物品还是服务），你希望的是哪一种态度呢？"下岗工人回答当然是后一种，推销高手告诉他：对！这就是推销成功的钥匙！

"你希望别人怎么待你，你就怎样对待别人。"这句人际关系的黄金格言其实只说对了一半，真理的另一半是，必须按照客户喜欢的方式对待他。一旦推销员了解了客户的购买心理，就不愁产品推销不出去。

如果推销员能准确地把握住客户的心理特点，知道客户的购买动机，并适时地给他相当的"刺激"，而不是恶意戳他的"　"，就可使客户愉快地掏钱包。

消费心理学家经过观察、研究后发现，客户想隐藏的"伤痛点"有以下几个方面：

1. 想拥有漂亮的东西

人们总是喜欢新的、漂亮的东西，因为它能带给大家愉悦的感觉，以此满足人审美和心理的要求。这就是人们买新的、漂亮的东西之理由。

2. 想满足自尊心

每个人都有希望得到别人赞美他的欲望，也就是希望别人把他看成是一个优秀而有价值的人，因此只要推销员稍加赞美，客户就会乐而忘形地购买商品。很多客户细化好的环境，不考虑价格因素。这便是自尊心使然。

3. 有模仿心和竞争心

很多人都有优越感，这是因为他们有模仿心和竞争心的缘故；刚开始，他们极力模仿别人，等到认为自己已经可以与之并驾齐驱后，便产生竞争心理，凡事都要优于别人。

4. 有表现欲和占有欲

有钱的人想表现气派，没有钱的人希望自己在他人面前能表现得好一些，这是许多人都有的心理，所以，大家都想买一些表现自己身份甚至想超越自己身份的物品来表现自己的购买能力。

5. 集体心理

别人有的东西，我们怎么可以没有？所以当推销员举出客户所熟识的人都已拥有这一商品时，客户怎能不动心呢？

6. 好奇心

从来没有见过的东西、从来不曾买过的东西总是很吸引人，所以，如果有一种新奇的产品出现，在好奇心的驱使下，相信很多人都会掏腰包购买的。

7. 想得到快乐

每个人都有寻求快乐的欲望。以运动为例，由运动来求得快乐的人有两种：一种是亲身参与运动而求得快乐；另一种则是喜欢看别人运动，像运动场上的"拉拉队"。

8. 冲动

很多人受推销员的言语、行动鼓动，可能一时冲动而购买了某种商品。

实际上，客户的购买心理复杂得很，推销员也不可能是一个心理学家，因此，想通过与客户交谈几句话、几个眼神相对就达到摸透客户的心理并建立持久的关系是根本不可能的。推销员推销成功最主要的一点，就是把客户真的当成"上帝"，即便客户当不了"上帝"，把他们当成"父母""兄弟姐妹""自己的孩子"来对待，多说对客户心思的话，就会发现销售工作想做好并不难。

销售思维要及时转变，切勿固化

有一位牧师想在做祈祷的时候吸烟，他就去征求主教的同意。他对主教说："我做祈祷的时候，可以吸烟吗？"结果遭到了拒绝。而另一位牧师也想在做祈祷时吸烟，他就去对主教说："我吸烟的时候可以做祈祷吗？"结果，主教很爽快地答应了他。

这个小故事充分说明了转换思维的重要性，它可能使原来办不成的事顺利地办成，不合理的变得合理。

在推销过程中，正确的话术也显得十分重要，它甚至可以改变整个推销局势，使几乎不成的事情奇迹般地办成。

最常见的话术，就当推"两点式"谈话法，也就是说，你只向顾客提供两种选择余地，但无论哪一种，都能使对方买。

举个例子来说吧，如果你是推销员，为一家刀具公司推销剃须刀片，如果你问："您需要多少刀片？"这样的问句显然不够聪明，如果你改换成"两点式"问法，效果就会大不一样。你这样问顾客："您是买两盒刀片还是三盒刀片？"这样即使顾客原本不想买，也有可能在这样的问句下决定至少买上一盒。

另一个能促成交易的话术就是少用否定语句而多用些肯定语气。因为否定语句在否定对方的意见后，顾客会觉很不高兴，并且有可能使进一步商谈的余地都没有了。而采用肯定语句，往往能产生意外的好效果。

举例来说，当顾客问："这个吸尘器有红色的吗？"若推销员用否定句回答："没有。"这样，顾客就很可能说："对不起，既然没有红色的，我就不买了。"

对于同样的问题，推销员用肯定的语句来回答，效果就肯定不一样。比如顾客问："这个吸尘器还有红色的吗？"推销员可以回答："现在只剩下黄色和蓝色两种了，这两种颜色都很好看。"这样一来，顾客很可能愿意继续与你商谈，最终改变了主意，购买了一台黄色的吸尘器。

还有一个谈话技巧，对于推销员来讲至关重要。这一技巧的中心含义就是你要针对你的产品，设计出不会遭到拒绝的问话。

有时候，顾客可能不假思索地拒绝购买，这样，你们商谈时，就可以问："你的产品是否防晒？"而不要问："您是否需要防晒油布？"如果你是推销简易帐篷的，你不要直接问："您是否需要一些帐篷？"你应该这样问："您的仓库足够大吗？"

在与顾客商谈时，要避免直接问顾客"你需要什么"，这种问句一旦遭到拒绝，商谈便无法再进行。聪明的推销员会想方设法地让谈话继续一段时间，好使对方对自己的商品产生兴趣。这样，开头的问话就显得十分重要，除了上面列举的几个例子外，你也可以这么说："我想和您做一笔生意，不知您是否感兴趣？"这样的问话会让顾客提起精神来和你商谈下去。

在商品的某项属性达不到客户的要求时，我们可以转换重点来取长补短。特性是指商品设计上给予的特性及功能。你可从各种角度发现产品的特性，例如：

1. 从材料着手

如衣服的材料是棉、麻、丝、混纺。

2. 从功能着手

如录音机具有定时录音的功能。

3. 从式样着手

如有流线型的设计。

每一样产品都有它具有的特性，不管您知不知道它是什么或会不会使用，它已存在商品身上。

优点是指商品特性的利益点，例如：棉的衣服能吸汗、毛的衣服较温暖、丝的衣服较轻；传真机有记忆装置，能自动传递到设定的多数对象；组合的隔间能随时移动。

特殊利益指的是能满足客户本身特殊的需求，特性和优点是指厂商设计、生产产品的角度，赋予商品的特质。当然，厂商将产品投入市场前也做过市场调查，确信商品的特性和优点能满足目标市场客户层的喜好。如果推销员能发掘客户的特殊需求，并说出自己产品的特性和优点，满足客户的特殊需求，或解决客户的特殊问题，这就能使交易迅速达成。

顾客不能打动就去感动

很多人觉得做销售很难，认为客户很难接受自己和自己推销的产品。其实做销售并不难，只要让客户感到自己是细心、关心、贴心的，那么，客户的订单就会交给你。

对于这一点，有些销售员可能不明白。因为在他们的销售理念中，做业务就是把客户的钱想方设法拿到手里，这就达到了目的。其实这是最原始、最初级的销售模式。销售不单单是你买我卖的纯粹利益的交易模式，也带有情感的成分。有些顾客在选择与你合作时，并不会因为你产品比别人的好，而是因为你这个人让人心里觉得舒服。因此，当你用自己的产品无法打动客户时，需要换一种方式，去感动客户。

要感动客户，推销员需要投入宝贵的时间，投入真诚的爱心，去服务客户，争取用自己的人格美感化客户。

小琳在一家做人物传记的网站工作。在一次拜访中，小琳感觉到一位老人很有意向。可是，老人也许出于某种顾虑，没有表示出要写传记的意思。

小琳想要跟进，又担心老人会拒绝她。

端午节，孤单的老人正在家中独坐时忽然收到了一条陌生的短信。当老人打开看后，心中突然升起了一股温暖的暖流。

他看到短信的落款时，想了好久才想到这是只有一面之交的小琳发来的。小琳不是谈和他合作的事情，而是关心他，关心他近来的心情和生活，并且真诚地祝福他，这让老人感到很感动。老人一下子想到了自己的故乡，自己的亲人，忽然感到自己并不孤单了。

一条短信让老人在脑海里留下了对小琳的好印象。结果不到三个月，小琳就拿下了老人写传记的单子。

销售工作其实是一个很细致、很系统的工作，很多客户并不是谈一次就能够成功的，大多数需要连续不断地去联系，去跟进。可是，联系和跟进并不是每次都要谈产品，或询问客户是否有购买的欲望，可以换一种方式，用自己真诚的关心和问候去感动他们。如果能让客户感觉到自己不是在卖产品而是在交朋友，成交率就会很大。因此，推销员不要只想着销售回款，而要想着怎样给客户更多的关爱。只要能感动客户，曲径也可以通幽。

有一位推销员拜访一位工厂总经理时，总经理表现得十分冷漠，丝毫没有投保的意思。

此时，推销员说道："您喜欢或讨厌保险都不重要。现在最重要的是，您的健康是否毫无问题？我相信这么多工人跟定您就是因为您这个人值得信赖。可是，假如您因为身体健康的缘故无法工作，怎么对得起爱戴您的员工呢？您做过健康体检吗？"

说到这里，推销员突然打住。此时，整个工厂鸦雀无声，工人们对总经理的健康状况确实关心。总经理沉默了一会才说："我工作太忙，没有时间去做什么健康体检。"

"那么让我为您服务吧！我将带着仪器专程来贵公司给您做身体检查。"总经理没想到对方居然这样体贴，沉默了一会儿，答应说："好吧！那就麻烦你了！"

就这样，一位不喜欢接待保险推销员的总经理最终被攻下了。推销员使用的就是感动法。

其实，要感动客户其实并不难，只要心中对客户有感情，像关心自己的同事、家人一样对待他们，及时奉上自己的关怀，客户就会被感动。

玲玲在广告公司策划部负责开发电力系统的一个客户。之前，玲玲已经去拜访过很多次，每次都是被这位领导礼貌客气地送出门外。玲玲机关用尽也无法敲开客户紧闭的心扉。她不知客户为什么明明有需求可总是却不冷不热地拒绝自己。

一次，玲玲去拜访客户时，恰逢这位领导要去北戴河开会。玲玲注意到他手上有被什么东西划破的痕迹，于是飞快地跑到对面的一家药店买了一盒"创可贴"给他。并告诉这位领导，如果游泳要等手不流血后才可以。

这位领导没想到玲玲离开是去为自己买药，他很感动。虽然他当时并没有说什么，可是在他开会回来后的第二周，玲玲就接到了他的电话。他说："下个月我们公司要搞开业 10 周年的庆典，你下午过来吧。"

就这样，玲玲轻松地为公司拉来了一笔大订单。而且，这位客户还打电话告诉她，以后有什么事不用过来，直接说就行了，我帮你办。

一点小小的关怀就可以产生如此大的效应，这是玲玲从来没有想到过的。

由此可见，当客户感动的时候，销售自然就水到渠成了。因此推销员千万不要忘记使用情感服务这个法宝——即让客户从满意到感动，最终成交。

第五章

发掘感观"卖点",说客户喜欢听的

　　为什么客户会对推销员产生兴趣，并最终作出购买产品的决定？在这个过程中，客户的内心是怎么想的？……销售就是心理博弈战，制胜策略就在心理操纵间。如果你想钓到鱼，就得像鱼那样思考，而不是像渔夫那样思考。推销员在介绍产品前，一定要准确地把握住客户的心理，并适时地推销卖点给他来刺激他。

了解需求，掌握最新市场

　　德国奔驰车的生产厂家十分注意产品的售前服务。他们常常在厂里未成形的汽车挂上一块牌子，牌子上写着顾客的姓名、车型号、式样和特殊要求等，比如，顾客对不同色彩、不同规格乃至在汽车里安装什么样的收录机等千差万别的要求，都给予一一满足。

　　由于该厂良好的售前服务，在能源出现危机，世界汽车市场竞争激烈之时，尽管奔驰车的价格比起日本汽车的价格要高出一倍，但奔驰车的推销工作却进展顺利。

　　而美国著名的福特汽车公司，也是如此。他们每年拥有 250 万顾客，为了了解顾客的需求，公司定期邀请一些顾客与产品设计人员和汽车推销员讨论产品及销售服务等问题，并专门设计一种软件数据系统，供各部门经理和雇员详细了解掌握顾客的意见。

　　一次，有位顾客抱怨说，乘坐福特汽车不愿坐后排，因为后排空间太小，腿伸展不开，很不舒服。听到这个意见后，公司立即将前排座位下部进行了调整改进，加宽了前后排之间的距离。这一举动赢得了顾客的普遍称赞，使得福特汽车更加畅销。

为顾客服务推销员不仅要面带微笑、热情周到，更重要的是厂家要从市场调查、产品设计、广告宣传到刺激购买，每一环节都紧紧围绕着顾客的需求。

一位推销员听到一位背着大簸箕的老农和另一位乘客说："我们兴城县的大街上买不到大簸箕，这次到凌海市串亲，遇着了就买了一个。"第二天这位推销员就乘车赶到凌海市，到县土杂公司一次批销出 1000 多个大簸箕，回来在兴城县卖。还有一次这位推销员在沟帮子住店时，同旅客闲聊中得知冶金业需大量木炭，他就顺藤摸瓜，找到矿山机械厂、有色金属材料厂等单位，去批销，不仅解决了冶金业的需求，还帮助了矿山机械厂、有色金属材料厂等单位销售出积压多年的木炭 20 吨。

推销员的天职就是推销商品，满足顾客需要，你所销售的商品若能和客户的兴趣、嗜好结合在一起，一定能让客户掏钱。所以，推销员仅仅要拥有商品推销的基本常识，还要尽量满足顾客的需要，将商品卖出去。

李老太到集市买李子，她走到第一家水果店门口。问店员："这个李子怎么卖？"

店员回答说："1.8 元每斤。这李子又大又甜，很好吃的。"

李老太没等她话说完，转身就走了。

李老太走到第二家水果店门口，问："你这李子怎么卖？"

店员回答说："1.8 元每斤。您要什么样的李子呢？"

李老太说："我要酸的李子。"

店员说："正好我这李子又大又酸，您尝尝。"

李老太选了一个尝了尝，有一点酸，于是买了两斤。

李老太提着李子回家时路过第三家店，她想验证下她的李子是不是买贵了，于是她便问："你这李子多少钱一斤？"

店员回答说："1.8 元每斤。你要什么李子呢？"

李老太说："我要酸的李子。"

店员奇怪:"您为什么要酸的呢,这年头大家都要甜的?"

李老太说:"我儿媳妇怀孕四个月了,想吃酸的。"

店员说:"原来这样?那您为什么不买点猕猴桃呢?猕猴桃口味微酸,营养丰富,特别含丰富的维生素,同时这些维生素很容易被小宝宝吸收呢?即可满足您儿媳妇的口味,也为小宝宝提供了丰富的维生素,一举多得呢?"

李老太觉得有理,于是又买了两斤猕猴桃。

以上的销售经典案例让我们所有推销员清楚一个问题,一个成功的和合格的推销员首先要做到两点:第一,对自己的产品知识一定要充分熟悉,充分了解。做到能随时回答客户的任何疑难问题,这才是业务成功是本。第二点,就是作为一名成功和合格的推销员一定要懂得抓住客户的需求,要善于去听,去挖掘,去寻找对方的需求。

所以,推销员只有用心地听客户说,用心地和客户交流,就会从客户的言语中了解到他们的想法,并及时抓住他们的购买欲望,这样就能达到销售的目的!

站在客户的立场去考虑

在推销中,时常有这样的现象:同样的产品,同样的价格,客户会选择购买这一家而不是购买那一家。这是为什么?是推销员的服务态度不好吗?不是,他们同样热情、热心。是推销员的形象给客户的感受不同吗?也不是,他们的形象不论从外表还是从内在气质都无可非议。那么,这是为什么呢?

愚蠢的人在说服别人的时候,只谈论自己,从来不考虑别人,这样的人永远不会得到别人的认同。下面这个故事中就能很形象地说明这个问题。

有个医生为了说服病人戒酒,煞费苦心地准备了这样一个现场表演:

他将两片树叶放到桌上,一片树叶上沾满早晨清新的露珠,一片是经过酒精泡制的。之后他把一只虫子放在第一片树叶上。虫子贪婪地啃食着,不长时间就把树叶吃光了。之后，医生又把它放在第二片树叶上，虫子还是像上次一样贪婪地啃噬着。不久第二片树叶也被它吃光。这下，虫子酒足饭饱了，满意地躺倒了一边。

此时，医生将虫子抓了起来，令人吃惊的是，它居然身体僵硬，死去了。

看了这个实验后，酒鬼们面面相觑，屋子里沉默了好长一会时间。正当医生准备对他们说明酒精对人体有害的时候，在屋子的最后排传来一个声音："医生，我明白了，只要我们多喝酒，那我们肚子里就决不会生虫子！"

医生气得只摇头，连眼镜都想掉下来。

这位酒鬼就是没有站到医生的立场考虑，因此才把医生气得头蒙。

在说服客户中同样如此，如果不懂得站在他们的立场考虑，永远也别想说到他们的心坎上。

因为当你和客户沟通的时候，客户最关心的都只有他自己，而不是产品。就像医生只考虑怎样说服酒鬼而不会考虑虫子的命运一样，客户永远关心的都是自己购买的产品或者服务能够帮助他们解决什么问题？使他们得到什么益处？如果不明白这一点，与客户见面开口就谈产品，完全不客户的感受。尽管说得天花乱坠，也不能打动他们。

在推销的过程中，有些人之所以能够成功说服客户，有些人则不能，就是因为他们看问题的角度不同造成的。让我们来看一下两位销售保暖内衣的推销员是如何介绍自己的商品的。

甲：快来看，快来买啊！我们的产品物美价廉，独此一家，这三天还是优惠价，来晚了就抢不到手了啊！

甲的宣传的确富有鼓动力，很多人纷纷前来看个究竟。当他们明白原来不是什么新奇特产品，只是随处可见的保暖内衣时，无论价格怎样优惠，人们又像潮水一样退去了。只有少量确实需要的客户在挑挑拣拣、讨价还价。

现在再来看乙的宣传：这位老大爷，您是不是在冬天很怕冷，胳膊腿总是感到不灵便呢？您看，这样的保暖内衣不但保暖，而且还有磁辐射作用，可以促进血液循环呢？这是我们厂家特地聘请专家为老年人定做的，以便帮助老年人提高健康活力，战胜寒冷的冬天。

不用说，人们也会对乙的介绍感兴趣。因为乙开头以关心的话语亲切问候，之后告诉客户使用这样的产品能为他们带来什么益处。客户感到这样的推销员确实是在关心自己的身体健康，而不是关心产品的销量，因此才乐于接受他的介绍。

人人都有被他人肯定的感觉。站在客户的立场考虑也是对他们关心的问题的认同，客户怎能不感到贴心、知心？

既然站在客户的立场考虑问题对于推销沟通如此重要，那么，怎样才能学会站到客户的立场去考虑问题呢？很多推销员也许会提出这样的疑问。要解决这个问题需要换位思考，遇到问题时站在他人的角度而不是站在自己的角度去思考。

要想钓到鱼，不能以渔夫的思维方式行动，而要以鱼的思维方式来思考一样，只有弄明白鱼的内心在思考什么，才能让自己的钓饵紧紧抓住鱼的心。

这个理论可以用下面这个形象的故事来说明：

一家酒店经营得很好，人气旺盛、财源广进。酒店的老总由于没有太多的精力管理，打算在现有的三个部门经理中物色一位总经理。

当第一位部门经理被通知来到老总的办公室时，老总说："我们今天谈一个老生常谈的话题吧，你认为是先有鸡还是先有蛋呢？"

第一位部门经理不加思索地答道："当然先有鸡。没有鸡怎能下蛋？"老总笑了。

当第二位部门经理前来时，老总还是问同样的问题："你认为是先有鸡还是先有蛋呢？"

第二位部门经理胸有成竹地答道："先有蛋。小鸡不都是鸡蛋孵出来的吗？"老总也是微笑着看着他。

当第三位经理被通知来到老总的办公室时，老总还是问他同样的问题，

"你说说，是先有鸡还是先有蛋？"

本来依照常规思维来看，这个问题就只有两种模棱两可的答案，或者先有鸡，或者先有蛋。前两位部门经理也已经做了回答。可是，这次出乎老总意料的是，第三位部门经理经过思考后认真地答道："我认为，客人先点鸡，就先有鸡；客人先点蛋，就先有蛋。"这次老总满意地笑了。他决定将第三位部门经理升任为这家酒店的总经理。

为什么第三位部门经理面试成功了呢？就是因为他懂得换位思考，能站在老总的角度去思考问题。试想，老总让他们前来的目的是让他们回答那个弯弯绕一样的问题吗？是要考察他们是否适合当总经理。酒店是为客户服务的行业，要为客户提供满意的服务，当然需要围着客户办，客户说咋办就咋办。

在老总看来，只有具备这样的服务理念，才能适合担当接班人。如果自己的头脑中根本就不具备为客户服务的意识，看问题也不会站到他们的立场考虑，仅凭脑筋急转弯也不可能回答正确。

由此看来，站在对方的立场考虑多么重要。因此，推销成功也要学会换位思考。推销的最高境界就是让客户感觉到你是在想方设法、设身处地地为他们着想。如果我们能够替客户设身处地着想的话，马上就会引起客户的好感和注意，不仅能赢得他们的信赖，他们还有可能成为你的义务宣传员。因为你明白了他们的心。

避开对方没兴趣的话题

人在旅途，发现周围都是一些人，距离目的地还很远，时光是如此漫长，我们的思维也渐渐开始失去活力，这时候，我们需要说话，说给某个人听，或者听某个人说，这样我的旅途才不会显得那么枯燥。

既然人人都需要交流，人人都可以交流，那为什么有时候一个人热情的问候却换来另一个人冷若冰霜的鄙视呢？除非后者的心情特别的糟，否则还是话题发起人什么地方出了问题。要记住一件事，钓鱼时必须用鱼饵，而不是你所喜欢的巧克力。对于男人，那块饵可能是一场球赛，一部手机，一辆汽车，或者一些新闻事件。

但不管男人女人，他们都喜欢聊到自己，比如一位老战士会很高兴告诉你，他当然是如何在枪林弹雨中来去自若，一位企业家也喜欢谈到自己当初创业的艰辛，以表达一下忆苦思甜思想。一位时尚女士可能会就她的狗狗和你聊上半天。假设你对着一位老战士聊别人的光辉岁月，你对着一位企业家聊别人的成就，你对着一位时尚女士聊另一个女士的狗狗。结果一定不会让你满意。

要使你的谈话受人欢迎，就要去了解别人的兴趣，美国总统罗斯福就经常这样做。

一次宴会上，罗斯福看见席间坐着许多人，如何使这些人成为自己的朋友呢？他找了个熟悉情况的记者，从他那里把自己想认识的人的名字、兴趣、爱好、专长等情况都打听清楚，然后主动走过去，喊出他们的名字，谈论他们所感兴趣的事。此举大获成功，一下子就赢得了他们的心，前一分钟还互不相识，转眼间就成了很好的朋友。在罗斯福竞选总统的时候，还成为有力的支持者。

"先了解对方"，"谈对方感兴趣的事"，是罗斯福成为交际高手的最大秘诀。他每每与人交往前，都要想方设法了解对方的兴趣，甚至专门花费时间阅读、研究来访者感兴趣的题目，因而，无论与谁说话，他都能谈得来，而且很快地与他们成为朋友。

在生意场中，推销员也要善于寻找客户感兴趣的话题，首先你要做一些准备工作，了解客户家庭背景、教育背景、生活经历、兴趣爱好等。在这些了解的基础上，再去发掘客户感兴趣的话题，当与客户从"感兴趣的话题"谈起时，对方定会谈兴大发，交谈的双方就会很自然地产生一种遇到"知音"

的感觉。

俗话说："酒逢知己千杯少，话不投机半句多。"

钟子期与俞伯牙谈音论琴，触龙和赵太后谈健康、谈饮食起居、谈子女前途等等。谈话之所以融洽无间，正是因为双方都觉得遇到了知音，遇到了能够理解自己并尊重自己的知音。

假如客户是球迷，你与他侃足球，谈贝克汉姆，总不会错；假如客户喜欢文学，你也不妨附庸风雅，和他聊聊《红楼梦》或者莎士比亚。又比如说，到什么样的城市去旅游，他说他喜欢到什么样的城市，你可以跟他讨论那个城市，因为那是他最感兴趣的话题。其他如衣食住行、工作、娱乐、新闻等都可以找到他感兴趣的地方。

找到客户最关注的

虽然钓鱼要像鱼一样思考这个道理人们明白，可是鱼是怎样思考的，我们怎样才能知道啊？我们又不是孙悟空，可以钻到铁扇公主的肚子里看个究竟。

其实，要解决这个问题并不难，那就是：

（1）找到客户最关注的，最感兴趣的；即客户最关心的问题是什么？

（2）自己销售的产品或者提高的服务能够帮助他们解决什么问题。

那样你就明白客户是怎样想的了。弄明白了这些就可以有的放矢了。

要找到客户最关注的，可以通过向别人调查了解，也可以通过自己的观察来发现。

在美国，一位投资家看好了一家杂志，准备将其收购。可是，该杂志的拥有者歌德堡恃才傲物，他对不懂行的非业内人士向来不相信。投资家磨破了嘴皮也未如愿。于是，他找到了著名的商务谈判代理人杰勒德。

杰勒德没有先去说服歌德堡，而是先调查歌德堡。他通过一些途径的解到，哥德堡已年过 50 岁，早已失去了创业者所特有的锐气，也不愿再面临各种风险，只是对家庭和亲情这方面比较关注。

因此，他见到歌德堡后没有说接受投资家的条件对方可以获利多少，而是说：“××投资家虽然对杂志的编辑出版业务不太熟悉，但非常钦佩贵杂志编辑的卓著才华。为了让你这样一个充满才华的人生活得更加美好幸福，他甘愿为您提供方便。我想如果您与一个欣赏您才华的人合作，您的生活质量也会发生一些变化，可以给予家庭更多的关爱。”

这番话说到了歌德堡的心坎上，因为他最关心的就是自己的生活水平和生活质量的提高，因此，双方很快约定好了正式会谈的时间和地点。

杰勒德之所以能够成功说服恃才傲物的歌德堡，就是因为他站在客户的立场考虑，帮助客户解决了对方最需要解决的问题，因此成功说服了对方。

所以，在推销时一定要找出消费者最关心的话题，不论是物质利益还是精神利益，这样才能激发他们的购买欲。

有些推销员总是一厢情愿地认为客户最关心的不就是产品的质量、价格吗？如果合算他们就会考虑购买。其实不然，地位不同、生活条件不同、年龄段不同的人，即便对同一产品、同一事物都会有不同的认识。

因此，要打动客户，就要在他们最关心的问题上下功夫。比如，上例中的歌德堡，面对合作，他考虑的不是获利多少，他最关注的是怎样在有生之年给自己的家庭和亲人更多的关爱，说利益就无法打动他的心。

再如，同样是服装，年轻人图新潮品牌、老年人图舒服、中年人图实用，这就是不同的关注点。为他们介绍时就要站在他们的立场用不同的说辞。如果客户关心的是时尚，你却大谈特谈质量怎样优良、材料怎样耐磨，就不会打动他们的心。因此，顶级的销售人员一般都具有高超的洞察术，他们能准确地把握客户心理的变化，并根据这些变化调整自己的销售策略。

比如，有些客户就是对那些令自己引以为自豪的事情最感兴趣，最为关注，那么，如果看到这一点，在这方面表达对他们的认同，也会赢得他们的欢心。

一次，推销员王顺去拜访一家企业的老板，他用尽了各种各样的方法，却都无法见到那个老板。正苦于无计可施的时候，他看到附近杂货店的伙计从老板公馆的另一道门走了出来。

王顺灵机一动，立刻朝那个伙计走去，亲热地打招呼说："你好！前几天，我跟你的老板聊得好开心，今天我有事请教你。请问你老板公馆的衣服都由哪一家洗衣店洗呢？"

"从我们杂货店门前走过去，有一个上坡路段，走过上坡路，左边那一家洗衣店就是了。"对方礼貌地回答道。

"谢谢你！"

听完这番话，王顺谢过小伙计，直奔那个洗衣店。当他顺利从洗衣店店主口中得到老板西装的布料、颜色、式样等资料时，又马上赶到西装店去定做了一套西装。

西装店的店主问过王顺的定做要求后，惊叹道："先生，你实在太有眼光了，你知道企业名人某某老板吗？他是我们的老主顾，你所做的西装花色与式样，与他的一模一样。"

当王顺穿上那套从服装店特意定做的西装，从容地站在那个老板面前时，那个老板先是一脸惊讶，紧接着哈哈大笑起来。就像明星看到那些粉丝们模仿自己的一举一动一样，他心中充满了无比的得意。

他哪里知道，王顺醉翁之意不在酒，他这样做一方面是为了赢得客户的欢心。另一方面，他还从西装店店主的口中得知了那个老板的很多信息，甚至有他的谈吐与喜好。

推销成功就在于注意观察，这位推销员肯定看到了店主服装的与众不同，而且西装店的店主夸赞他的眼光更说明独特的服装肯定是老板引以为自豪的。因此更坚定了他模仿的信心。结果正如自己所料，皆大欢喜，目的达到了。

就像大千世界，无奇不有一样，每个人的关注点都会不同。有名的人关注利，有利的人关注名，什么都有的人关注形象、关注档次、关注生活的质量。因此，找到客户最关注的就是探寻客户的心理活动的过程，这是销售活动中很重要的一环。只有在和客户交往的过程中细心观察、调查了解，才能得到客户的真实情况。那样在说服客户的时候，就能有的放矢，不费吹灰之力就能走进他们的内心。

勾起客户的好奇心

人人都有好奇心，好奇心是所有人类行为动机中最有力的一种。在推销工作中，如果懂得先勾起客户的好奇心，然后再寻找机会推销商品，就是水到渠成的事情了。这种方式比起推销员口干舌燥地介绍产品来说，也可以起到事半功倍的作用。

请看，在这方面的高手们是怎样运作的：

大朱是推销保险的业务员。一般像这类推销员很难进到他人家里面，多是大多情况是前脚迈进大门，后脚就被别人以各种借口轰出来了。可是，大朱从来没有遇到过这样的待遇。他不但能顺利地走进客户的家门，而且还能像熟人一样受到客户的款待。比如，给他一杯凉开水解渴。

一般，大朱到客户家里会张口跟客户要一杯水喝。他接住水杯喝一口后会把水杯在桌子的边缘上。客户见状以为他是个粗心的人，便帮着他把杯子向里推一下。大朱见状就发问：

"你为什么要把茶杯放里面，放旁边不行吗？"

客户一听这个小儿科的问题，以为他脑子进水，但是不回答又不礼貌，于是便会说："那样不是太危险了吗？万一打翻怎么办。"

此时，大朱就接过话头说："是啊！什么事情都怕万一。你能保护杯子不遭受风险，可是你能保护自己不遇到风险呢？"

这句话立刻激发了客户的好奇，是啊！人生变化莫测，一个人的力量面对莫测的灾难总是无奈和脆弱的。此时，大朱就趁热打铁说道："我今天我来正是给你的人生上保险，让你避免人生的风险的。"这当然是客户最渴望明白的。结果，大朱用这种方式成交了很多客户。

利用好奇心进行推销之所以那么神奇，就是因为它利用了人们"越是反常的事情越想看个究竟"的心理。

一次，推销员孙起去拜访一位"自大傲慢型"的总经理时吃了闭门羹。当时，这位怪怪的总经理正背对着门坐在转椅上看文件。总经理转过身，瞟了孙起一眼，又转回原来的位置。

就在彼此眼光接触的那一瞬间，孙起明显地感到了这位傲慢的客户目中无人的表情。忽然孙起大声地说："总经理，您好，我是孙起，今天打扰您了。"

正当总经理有些厌烦这些推销员的自我介绍时，孙起却出人意料地说了一句："我的一分钟拜访结束，下次再见。"

这么短的时间就结束了，没有推销的下文了，这倒让总经理充满了好奇，他转过身来问了一句："你说什么？"

"我告辞了，再见。"孙起毫不犹豫地说。

这可是这位主观自大的总经理没有想到的。当他还没有回味过来，孙起已经走到门口了。他转身说："刚才我跟前台小姐说给我一分钟的时间拜访总经理。现在一分钟到了。谢谢您，再见！"说着，孙起毫不留恋地走出了总经理的办公室。

过了几天，孙起又硬着头皮做了第二次拜访。当他简短地说完几句话又想转身走时，总经理叫住了他：

"嘿，你这个人蛮有趣的。怎么一来就走呢？"

"啊，不好意思，打扰您了。其实我是早就想向您请教的，可是看到您如此繁忙，感到不好意思打扰您。"

"不要客气，今天我正好有一点时间，请坐！"

就这样，孙起采用"一来就走"的妙招把这位不可一世的准客户的好奇心引诱出来了。他倒想看看"葫芦里卖的什么药"。

如果说利用自己的行动可以让客户感到好奇的，那么，利用语言的神奇功能也可以让客户产生好奇心。特别是在和客户的电话沟通中，更要懂得运用这种方式，让客户能不放电话，听完自己的介绍，达到让客户产生购买欲望的目的。比如：

1. 用有趣的话题激起客户的注意

财产保险营销员这样对客户说："一年只花几块钱就可以防止火灾、水灾和失窃，您相信吗？"当对方无以应对，但又表现出很想知道答案的样子时，推销员及时补上一句："我这儿有 20 多个险种可以帮您达到这种目的，您有兴趣我可以帮您介绍一下。"

2. 以问题的严重性吸引客户

为了接触并吸引客户的注意，有时可用一句大胆陈述或强烈问句来开头。有些销售员就有这种出口惊人的本领。

一位人寿保险代理商一接近准客户便问："如果您坐在一艘正在下沉的小船上，您怎样保证自己的生命不会受到伤害呢？"

这个令人好奇的话题，看似语出惊人，但是又在情理之中。爱好旅游的人谁能保证自己有一天不会遇到意外事故呢？于是在欲得知结果的好奇心驱使下，客户也会不知不觉地听他们谈下去。

接下来，人寿保险代理商阐明了这样一个思想，即人们必须在实际需要出现之前投保，改变了客户对保险的淡漠和偏见，激发了他们的购买欲望。

3. 从关心对方的角度提出

一位电话推销员是这样拜访客户的，她开口说道："×× 女士，听说您刚购买了爱车并且入了保，保险额为每年 5000 元。可是据我们了解，很多客户花在汽车修理、理赔上的费用每年几乎为 9300 元。万一您的保额不够时如何打算的呢？"

这种电话在提前对客户的情况有一定了解的情况下直接发问，客户正关心这个问题，自然会引起他们的注意。

总之，不论使用何种方式只要能吊起客户的好奇心，只要能引起他们的关注和兴趣，就有了和客户详细沟通的机会，推销产品也就可以见机行事了。接下来，在你满足了他人好奇心的同时，对方也就会自觉地接受你的意见。

投其所好，对症下药

"投其所好"就是迎合别人的意思。本为贬义词。可是，在现实生活中，却被一些精明的推销员用来推销商品。所以说，投其所好在销售行业里，是一种推销的方法与策略。

一个温暖的秋日的早晨，一位保险推销员走进费城一家大食品店的经理约翰·斯科特先生的办公室。斯科特先生的儿子哈里对推销员说："我父亲非常忙，你预约了吗？"

推销员答道："没有，但是你父亲曾经向我们公司索要过一些材料，我是应他电话的要求来送材料的。"

哈里说："那你可能来得不是时候，现在父亲办公室里有三个人在谈事……"正说着斯科特先生走了出来，哈里说："爸爸，还有个人想见您。"斯科特先生说："年轻人，是你想见我吗？"转身就把推销员带进了他的办公室。

"斯科特先生．我叫罗伯特。您曾向我们公司索要过一些材料，这是您要的材料。里面有您签名的名片。"进了办公室，年轻人有条不紊地说。

"年轻人，这不是我要的材料，你们公司曾答应给我准备一些商业文件。"

"斯科特先生，您所要的那些商业文件从没有让我们公司多卖出几份人寿保险。可是这些商业文件却造成了让我接近您的机会。您是否可以给我一个机会让我给您讲讲人寿险。"

"我的办公室里有三个人正等着我，我必须节省谈话时间，跟我谈人寿保险简直是浪费时间。我已经63岁了，几年前我已停止买保险了。以前买的保险已经开始偿付。我的孩子们也已成人，他们可以很好地照顾自己了。现在只有妻子和一个女儿和我住在一起。如果我有什么不测，她们可以有足够的钱舒适地生活。"

"斯科特先生，像您这样在事业上成功的人，肯定会在家庭或事业之外有一些兴趣。比如对医院、宗教、慈善事业等进行有意义的资助，您是否想过当您过世之后，这些由您资助的事业就会无法维持了？"话说到这里。斯科特先生没有回答推销员的问题，但推销员看得出来，自己的话起了作用，他正等着推销员把话继续下去。

"通过我们的计划，斯科特先生，无论您是否在世，您资助的事业都会维持下去。如果您在世，从现在起7年后，您可以每月收到5000美元的支票，直到您过世。如果您不需要这笔钱，自然可以随意处置，但如果您需要那笔钱就可谓雪中送炭了。"

斯科特看了看手表说："如果你能等一会儿，我倒愿意问几个问题。"大约20分钟后。斯科特先生让推销员到他的办公室去。

"你叫什么名字？"

"罗伯特。"

"罗伯特先生，你刚才谈到慈善事业，我确实资助了3名传教士，每年都要花去大笔钱，这件事对我来说很重要。你刚才说到如果买了保险我过世后，那3名传教士依然可以得到资助，这是怎么回事？还有你说到如果我买了保险。从现在起7年后，我就可以按月收到5000美元的支票，这大概要花多少钱？"

当推销员把具体的钱数告诉他后。斯科特吃了一惊："不，我花不起那么多钱。"

接着推销员问了那3名传教士的事，斯科特的兴趣又来了，他很乐意谈论他们。推销员问他是否去看望过他们。他说他本人没有去过，儿子和小姨子在尼加拉瓜照应着那些事。今年秋天他打算去那儿一趟。斯科特先生还跟推销员讲了有关那些传教士的一些逸事。

推销员抱着极大的兴趣听完了他的叙述，然后说道："斯科特先生，您去尼加拉瓜时，是否能带上您的儿子一家？现在您已经做出了妥善的安排，退一万步说，即使您有什么不测，他仍可以按月收到支票，不至于出现难以为继的状况。您是否可以写信告诉那些外国传教士同样的信息？"

当斯科特先生谈到支出太多时，推销员同他的对话也多了起来，推销员问了更多的问题，问他那些传教士干了些什么有趣的事。

最后斯科特先生买了6672美元的保险。

由此可见，投客户所好，才能激起客户与你谈话的兴趣，才能顺理成章地与你谈你的产品。

爱好摄影的人都知道，直接拍摄被聚光灯照得发亮的东西，会曝光而完全看不出被拍摄的物体.要拍摄出清楚美丽的照片，必须采用部分受光的技术，配合被拍摄物体的曝光程度来拍摄。

说服他人也是同样的道理，必须找出说服对方的适合的方法。换言之，必须想清楚以怎样的角度去接近对方较好。预先探查对方是个什么样的人，收集对方的一些相关资料，就能事先准备好如何去接近他的方法。有了事先的准备，说服中自然就不会慌乱。

如果要说服的是个人，那么须事先搜集有关其简历、兴趣、出生地、家族成员等资料；如果是公司的话，其经营状况，往来客户，其他的特色等，都要充分了解。若能多留心的话，应该可以收集到很多信息，将这些信息记录下来，活用到实际之中，这有助于了解对方，也可以借此引导对方理解我们。

据说，要劝说酒精中毒者戒酒，最有说服力的人是具有相同痛苦经历的人。因为伙伴意识能够削弱戒备心理，创造虚心听取意见的气氛。有经验的销售人员，一进入顾客家中，总会立刻找到这家主妇感兴趣的话题进行交谈。例如，看到地毯，马上会说："好漂亮的地毯，我也很喜欢这种样式……"这样，通过各种话题就可在心理上与对方进行沟通。

当然，投其所好应有"度"，不能将其变成了奉承、讨好，那样的话，可就让人不舒服了。

真实又贴切，提升产品说服力

由于人类对于自己不熟悉的东西本能的排斥，因此对于不熟悉的产品也有一个从排斥到接受的过程，如何让客户从排斥转变到欣然接受这一使命自然落到了推销员的肩上。而要客户接受一种产品，首先要让客户明白这种产品能给他带来什么具体好处？要充分理解和鼓励顾客"不见兔子不撒鹰"的想法，并且用事实证明来说服他做出决定。

我们为什么要买一样东西？答案很简单，因为这个东西对我们有用，我们需要它，而不管他是给我们的生活带来方便还是能帮我们创造更多的财富。我们买衣服是因为它可以保暖；我们买保险是因为它可以让我们感到安全，我们买机器是因为它能给我们创造价值。

所以，一个格的推销员在推销衣服的时候，他就更应该从购买者的体型考虑；在推销人寿保险的时候，就应该重点说明这样做给亲人带来的保障；在推销家电时，就应该让顾客明白这种产品能够解决日常烦闷的工作。比如，推销一部打字机，就必须从打字的速度和正确率上面来进行说明。

乔治是芝加哥的一个打字机推销员。一天，他去拜访一家公司的总裁，目的是向该公司的办公室推销一套新打字机。

总裁去了外地，乔治觉得总裁的秘书萨拉虽然不是自己的直接客户，却是自己所推销产品的最终使用者，便有意挑起总裁秘书的聊天欲望，并诱使她说出了对自己工作中使用的打字机的看法，喜欢它什么和不喜欢它什么。

乔治抓住这个契机，赶紧向总裁的秘书推荐，使其看一看和试一试自己推荐的新型打字机。

几个星期之后，乔治再次赴约造访，并给总裁的女秘书带去了小礼物，现在他们已经是朋友了，萨拉安排他与老板见了面。

乔治开始介绍自己的产品。像很多推销新手一样，还没等乔治的自我介绍进行到一半，老道的总裁就打断了他的话："生产打字机的公司应当把眼睛盯在各种打字机互相竞争的打字机商店，到那里去一显身手，那里才是你们的真正客户。"

乔治听后立刻拿出手中的王牌："先生，您秘书告诉我，她现在使用的打字机机械装置很完备，但是操作起来太费劲。她说她下班前的三小时内出现的错误超出了前五小时的总和。是她的打字机影响了她的效率。我肯定，如果贵公司拥有了这种打字机，秘书小姐省力多了，公司的业绩自然会得到提升，先生，您难道不愿意吗？"

老板按下蜂鸣器。女秘书萨拉进来了。老板指着乔治带进办公室的样品问："听说你觉得这种打字机效果很不错是吗？它是不是比你现在用的那一台容易操作？"

"噢，是的，绝对没错！"萨拉的回答让乔治很是得意。接着女秘书按照5周前乔治教她的方法重新将机器演示了一遍。轻车熟路，速度自然要快很多，总裁当下就做了决定，乔治得到了订单。

其实，推销员的千言万语，不如让产品自己说话。常言道"耳听为虚，眼见为实"，如今，客户在购物过程中越来越讲究实在，他们不图别的，只希望推销员在推销产品过程中能多讲真话，少些自吹自擂，这样他们就会乐意掏腰包。否则，只知一味地吹捧自己的产品，反而会引起客户的反感，使他们离产品越来越远，最终倒霉的还是推销员了。

聊到尴尬时的危机处理法

我们在销售的过程中，总会遇到千变万化的情况，作为一名专业的推销员要沉着冷静，有"卒然临之而不惊，无故加之而不怒"的大将风度，并能机智灵活化不利因素为有利因素。这就是说，要能随机应变。怎样随机应变呢？下面四种方法教你解开销售尴尬！

1. 借题发挥应变法

我们这里所说的借题发挥，是指推销员在销售流程中，借发生的问题来表达自己真正的主张。例如，有位推销员当着一大群顾客推销一种钢化玻璃杯，他在进行完商品说明之后，便向顾客做商品示范。这一示范就是，把一只钢化玻璃扔在地上而不会破碎。可是他碰巧拿的是一只质量没过关的杯子。只见他猛的一扔，酒杯碎了。

这样的事在他整个推销酒杯的过程中是前所未有的，大大出乎他的意料。他心里很吃惊，但没流露出来。而顾客呢，则是目瞪口呆，因为他们本已相信了推销员的推销说明，只不过想亲眼看看得到一个证明而已，结果，却出现了这样的一个尴尬的场面。

然而，仅过 3 秒钟，就听推销员不紧不慢地说："你们看，像这样的杯子，我就不会卖给你们。"顾客笑了，沉默的气氛变得活跃了。接着，这位推销员又扔了 5 只杯子，个个掉在地上完整无损。

推销员的随机应变能力博得了顾客的好感，5 个完整无损的酒杯赢得了客户信任。推销员很快推销出几十打酒杯。试想，如果推销员不能随机应变解开尴尬，顾客肯定会拂袖而去。

2. 幽默诙谐应变法

所谓幽默诙谐法，就是在推销的过程中，如果遇到意外的变故，可用幽默诙谐的方法来摆脱窘境。例如，美国有一家大百货商店，门口竖着一块广告牌，上面写着："无货不备，如有缺货，愿罚 10 万。"

有个法国人很想得到这 10 万元，便去见经理。他开口就问："潜水艇在什么地方？"经理把他领到 22 层楼，那儿真有一艘潜水艇。

法国人又说："我还要看看飞船。"经理将他带到了第九层。只见一只飞船停放在那里。法国人并不罢休，问道："可有肚脐眼生在脚下面的人？"

你以为这样一问，经理肯定被难住了。谁知，经理却不动声色，平淡地对旁边的店员说："你来一个倒立给这位先生看看！"

这位经理明知那个法国人是有意刁难他，但他却能随机应变，以幽默的方法接待了这位顾客。如此一来，既可不损失 10 万元，又给顾客留下了深刻的印象。

3.巧用语境应变法

语境，就是语言的环境，它包括推销谈判的时间、地点、社会环境、自然环境等。在推销过程中，如果你能巧妙地利用语境，就能收到意想不到的效果。例如：

电视剧《茅台酒的传说》中，有这样一段情节：郑淳历尽千辛万苦，酿制出"郑家茅台。"

当时，巴拿马万国博览会在上海举行，主持中国展品荐选工作的是该会的理事贝当先生。然而。郑淳所在的茅台镇的伪镇长李尚廉，是个欺世盗名的家伙，他利用各种卑劣的手段，将"借来"的"郑家茅台"换成自己的"万福茅台"商标，并利用金钱打通关系，企图钻进巴拿马万国博览会去沽名钓誉。

郑淳又酿制出更好的茅台酒。

但怎么才能让贝当先生了解这美酒呢？郑淳陷入了困境。

后来，在实业家夏明兄妹的帮助下，他在李尚廉宴请贝当的邻处，将装满茅台酒的瓶子摔到地上。酒瓶砰然碎裂，酒味溢散四方。摔瓶声惊动了四座，茅台酒香醉倒了众人，终于引来了贝当先生。不用说，"郑家茅台"征服了贝当，也征服了巴拿马万国博览会，在博览会上荣获了大奖，从此名扬天下。

这里，郑淳获胜的关键，在于他随机应变摔破了酒瓶，巧妙地利用了语境条件，化解了尴尬，为与贝当先生的直接接触打通了道路，为茅台酒出国参展打通了道路，从而醉倒了天下。

4.应付周旋应变法

在推销过程中，如果你遇到下面的情况，你怎么处理？

正在与一位新顾客洽谈生意,突然,一位老顾客打来了电话说,撤销以前答应你的购买许诺。不用说,这时,你肯定有着双重的压力,既想跟老主顾挽回败局,又怕在新顾客那里泄露推销失利的信息。

面对此种局面,如果你惊慌失措,或对着电话与老主顾大叫大嚷,斥责他言而无信,那就太愚蠢了。结果只能是留不住老顾,又赶跑了新顾客,鸡飞蛋打。

我想,正确的做法是,客气地对老主顾说:"这没关系,不过,我现在正在与一位朋友谈要紧事,我们明天见面再详细谈谈你看怎样?"

这的确是一种理智而聪明的做法,我们称之为"应付周旋法。"这种做法的高明之处在于:左右逢源。

通常情况下,听你这样一说,老主顾是不会跟你在电话中继续纠缠的,他会答应你的请求,如此一来,你就又有了一个跟他谈判,以期维持原有交易的机会;而另一方面,新顾客不仅会为你重视他而高兴,也会为你因他而拒绝一次约会而感到歉意,这非常有益于你与他达成交易,真是一箭三雕的销售策略。

打开客户的心理防备

推销是一个很复杂的过程,与此相对的,客户的购买也是一个复杂的心理过程。客户从对你的产品和服务有了初步的了解和认识,然后分析判断,到准备购买,再到实现购买行为,整个过程中,客户的心理活动是十分复杂的。作为推销员,必须要对客户具体的心理表现和心理变化做到很好地认识和把握,这样才能有心理准备,能够分清对象,有的放矢,果断地采取对策,使推销活动得以顺利开展。

一般来说,客户的心理变化可以分为五个阶段,每个阶段都有各自不同的特点,如果你详尽地了解客户的这五个心理阶段并加以把握,便能在很大程度上提高你的推销成功率。

1. 戒备心理期

这通常是你刚刚面对客户时客户产生的心理活动，也是客户的第一个心理阶段，这个阶段大约持续 8 分钟。这个阶段是你最难突破的阶段，因为此时客户并不信任你，你要面对的是客户的重重猜疑。

通常客户会说："你们的产品正规吗？各种手续都有吗？"

所以在和客户谈话前，你得做好准备工作，如果有手续就拿给客户看。虽然他可能不看或者恨不得把你给的认证书放到显微镜下挑毛病，但是你一定要带齐，并且要对客户的挑剔态度视而不见。此时你要做的就是耐心并细心地解答客户的每个疑问，不要表现出不耐烦的神色。这样你才能得到客户的心理认同，使之不至于不给你开口说话的机会。

2. 拒绝心理期

拒绝心理是你与客户交谈的第二个心理阶段。这个时期的客户虽然开始与推销员谈话，但拒绝的意图还是很明显，只是由表面的拒绝转到了心理层面上，虽然他们已经相信了你推销的产品是正规厂家生产的，但他们又开始怀疑产品的质量。

如果你手中的产品是一家名不见经传的小厂家生产的，客户通常会说"这样的产品我们不需要""现在我们用不到你的产品，以后再说吧""我们都是用名牌产品"等，这其实是在下逐客令，而且态度一般都很冷漠。

这个时期是一个很关键的心理过渡阶段，你一定要把握住机会，让客户对你的产品改观。你可以先用你的产品和其他产品做比较，从思想上引导客户趋向于你的产品。

最有效的就是从价位上打动客户，让对方觉得买你的产品有利可图。

你可以这样说："我们的厂是不如名牌企业大，可是名牌企业的产品价格相对要高一些，这就使您的赢利空间缩小了，而且我们的产品不只价格低，在质量上也有保证，所以在质量没什么差别的情况下，您难道不想得到高一点的利润吗？"或者说："我们产品的质量和名牌企业的其实没什么差别，这点您应该比我清楚，只是我们没打那么多广告，我建议您尝试使用一下我们的产品，这对您不会有太大损失。"

让客户打消这种拒绝心理大概需要 10 分钟。

经过你自信且耐心地引导之后，大部分客户都会进入心理尝试期，也就是第三个心理阶段。

3. 心理尝试期

当客户进入第三个阶段——心理尝试期，说明他的防备心理已经开始松动了。此时大多数客户都开始关注和咨询产品，你更不能掉以轻心，一言一行都要掌握好尺度。客户通常会问："你们产品的使用效果怎么样？你们厂准备长时间在这边做吗？"这时客户开始注意到你，并开始主动和你拉近距离，当你回答他的问题时，他不仅不会不耐烦，还会等待你的回答。这时候你更要冷静地对待客户提出的问题，语言要果断，眼神要自信。

你可以坚定地回答："我们会在这边长期做下去，所以关于质量和服务您完全可以放心，如果有什么问题，我们一定会在第一时间通知您！"

关于产品的使用问题，你最好用真实的例子向客户说明，并且要注意使用者不宜离客户的生活太远，最好在同一个城市，这样客户就会觉得别人买了，自己也可以买。

4. 心理接纳期

这时客户进入了第四个心理阶段——心理接纳期。客户通常会说"我们先试试你的产品，如果好的话会接着买""如果以后有需要，我会打你电话的"。此时，客户虽然打开了心门接纳你的产品，可是他们还不想订太多，还想观望一段时间。

这时你需要做的就是进一步让客户对产品更有信心："这个产品对您来说真的不错，所以我建议您多订一些，您放心，即使您用得不好，给我们打个电话就可以，我们可以随时给您调货""我们就在当地，您可以随时订货"，这些话都可以帮助客户下定购买你产品的决心，促进订单的签成。

这并不意味着你要一次卖多少产品给客户，而是从长远来看，如果对方买的产品少，你就很难看到客户的反馈信息，客户在下次订货的时候也自然不会想到你。

5. 心理成熟期

这个阶段是收获的阶段，此时客户已经购买了你的产品，而且可能多次购买了你的产品，这代表着客户对你的产品完全认可了，同时也对你完全认可了。客户大多会亲切地称呼你，而且语气比较随和，从你手中购买产品时，也不会太在意数量的多少，当你再向客户推荐一种新产品时，他们也会毫不犹豫地掏腰包。

你必须更勤于维护你的客户，一定要和客户加强沟通，比如在节假日或生日的时候送上问候或在产品有优惠时通知客户，这些小举动都会让客户感到温暖，与你的心理距离也就越来越短，这样做起生意来就更轻松。

把握好客户消费心理的五个阶段，在不同的阶段采取不同的策略，细致入微地做好复杂的推销工作，这样才能打开客户的心理防备，并长久地保持较高的业绩。

第六章

突破感观障碍，及时打消顾客疑虑

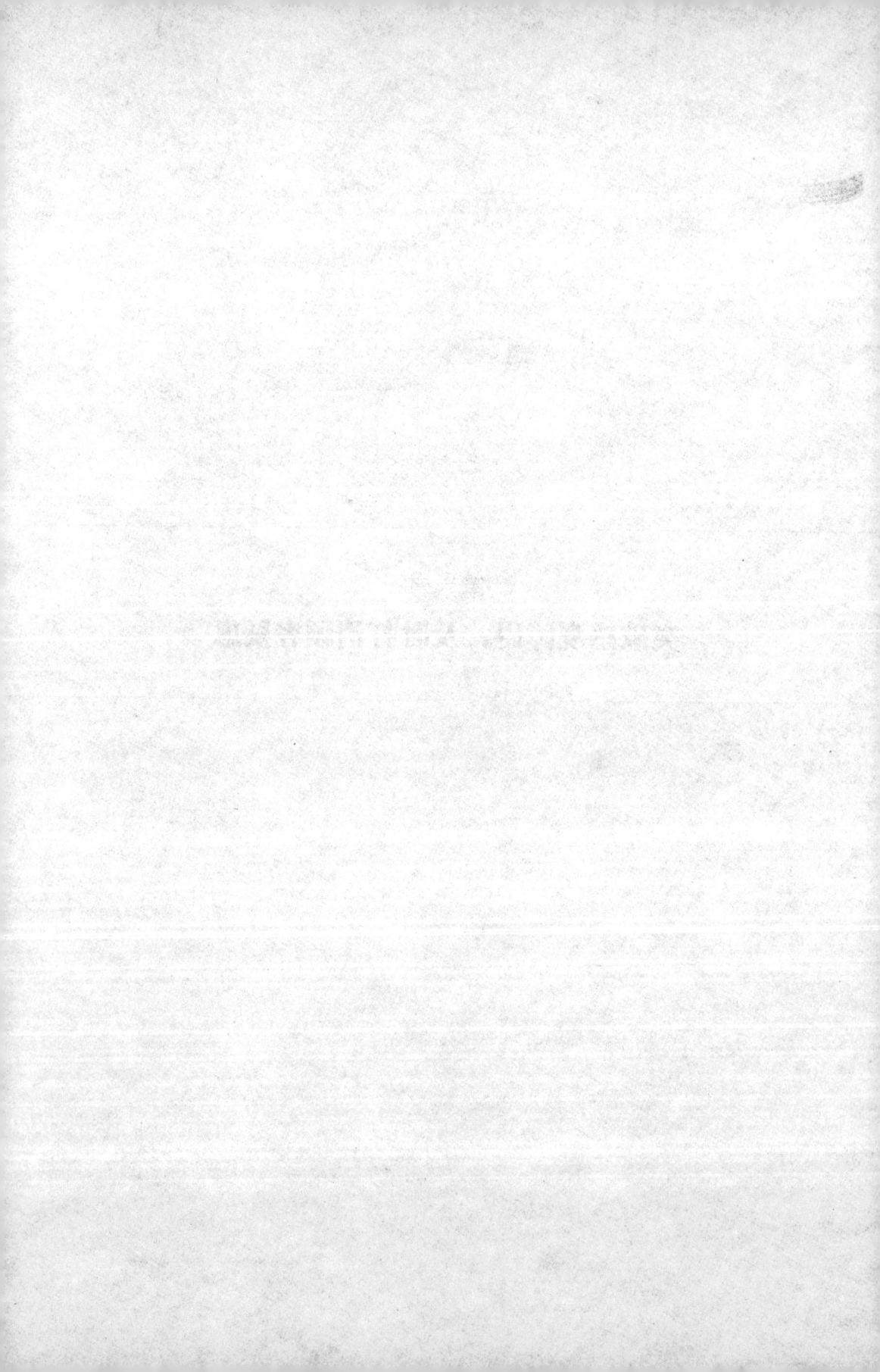

几乎每一个客户都会有或多或少的异议——除非客户压根儿就没有购买的意愿。所以，要做让客户满意的优秀推销员不是仅凭姣好的相貌和热情服务就可以做到的，更不是凭着口若悬河的夸夸其谈。推销员在引导并且帮助客户购买到满意的产品的同时，还应让客户享受到愉悦的心理感受。这就要求推销员在推销过程中懂得灵活处理客户的异议，持续提升客户的满意度。也只有这样，才可以和客户共赢，和竞争对手拉开距离。

推销从被拒绝开始

作为推销员，我们每一个人都有自己的梦想。无论那是个什么样的梦想，无论那梦想是小还是大，都是需要时间才能被实现的。

有些人花了 5 年、10 年、15 或 20 年的时间才实现了他们的梦想，但有人要花上一辈子的时间才能圆梦。

你的梦想是什么？无论你拥有什么样的梦想，你一定会遇到挑战，碰到拦阻和困难，最重要的一点是你千万不要轻言放弃。

拿推销来说也是如此。有时就是在要完成交易的那一个阶段，我们才发现事情的困难以及层出不穷令人难以应付的反对声浪，你的客户可能会让你经历你这一辈子最痛苦的时间。

推销员要对客户说："我不干了！"这件事其实是很容易的。在事情进展不顺利时，我们也常听到人用这样的话来打退堂鼓。

难道推销就是这样的一回事吗？你错了。这和推销本身毫无关联，这无非是那些想轻言放弃的人的惯用说词罢了！请记住，在你尽全力之前，千万不要轻言放弃。哪怕即使你认为自己已经尽了全力的时候，不妨再试一次！

"不"这句话，相信所有的推销员都不愿意听到。不过，正是因为客户说"不"，才有机会让那些优秀推销员脱颖而出。

"不"有很多种表现形式，有口头的，也有行动上的。优秀的推销员都知道，客户的"不"在多数时候的潜台词是：我还有疑问，并未被说服。这样的客户，潜意识中正在渴求推销员的协助。

对方说的"不"，也有可能是基于某种异议或有所保留。客户有时对自己内心的保守态度是十分不自觉的，他其实并不能将自己的真实意图确切地表达出来，所以在情急之间就脱口而出："不！"这样的客户，正需要推销员的帮忙。

说"不"的第三种原因：有些客户是心理上懒于面对新思想或新契机，他们的生活座右铭是："我们一向是这么做的！"这样的客户，正是在要求推销员的改变。

所以说，"不"这个字，其实不是最终的决定，而是客户当时所能抓到的最强有力的借口，任何异议托词基本上都是问题的表示，在向推销员发出求救的呼唤！

富有创造性的推销员对客户异议大都抱有积极的态度，他们把异议看作是自己的挑战，是施展才能的机会。他们能够从客户提出的异议中，判断出客户对商品是否有真的需要，能了解客户对自己建议的接受程度，从而迅速修正自己的推销战术。

客户异议是推销障碍，但它又是探查目标客户内心反应的路标。它是推销过程的一个组成部分，它不但是本该料到的，而且是推销过程的正常现象。要欢迎客户提出异议，以冷静、豁达的态度对待它。

优秀的推销员大都欢迎对方表达异议。他们认为，异议有助于推销。最难于推销的可能客户是那些对商品毫无兴趣的"哑巴"。他们一言不发，推销员只能心急火燎地盼望对方露出一点蛛丝马迹，以判断推销效果和对方的内心想法。真诚地提出异议的客户实际上是在帮助你，向你指明你距成交还差多远，他们同时也向你提供出更有价值的信息，即除了前期准备的资料之外，你还需要掌握哪些有利于成交的情况。对此，推销员应对异议作认真分析，搞清异议的确切意图何在、产生的原因，从而对症下药给予处理。

事实证明：一位推销员是否具有丰富而娴熟的处理异议技术，往往是推销能否成功的关键。

处理顾客异议应遵循的原则

处理客户异议要遵循主要的两点原则：一是以诚待人，二是始终相信自己。

有位推销员很善于揣摩顾客的心理活动，一次上门访问，他碰到一位平日十分苛刻的商人，按照常规对方会把自己拒之门外的。

这位推销员灵机一动，仔细分析了对方具体情况，想出一条推销妙计，然后登门求见那位客户。

双方一见面，还没等坐定，推销员便很有礼貌地说："我早知道您是个很有主见的人，对我今天上门拜访您肯定会提出不少异议，我很想听听您的高见"，他一边说着，一边把事先准备好的18张纸片摊在客户的面前，"请随便抽一张吧！"

对方从推销员手中随意抽出一张纸片，见卡片上写的正是顾客对推销产品所提的异议。当客户把18张写有顾客异议的卡片逐个读完之后，推销员接着说道：请您再把卡片纸反过来读一遍，原来每张纸片的背后都标明了推销员对每条异议的辩解理由。

客户一言未发，认真看完了纸片上的每行字，最后忍不住露出了平时少见的微笑。面对这位办事认真又经验老练的推销员，客户开口了："我认了，请开个价吧！"

客户："这个皮包的设计、颜色都非常棒，令人耳目一新，可惜皮料的品质不是最好的。"

推销员："您真是好眼力，这个皮料的确不是最好的，要是选用最好的皮料，价格恐怕要高出现在的五成以上。"

当客户提出的异议有事实依据时，你应该承认并欣然接受，如果否认事实，那是不明智的举动。但需记得，你要给客户一些补偿，让他取得心理的平衡，也就是让他产生两种感觉：产品自身的价值与售价一致的感觉；产品具有的优点对客户是重要的，产品没有的优点对客户而言是较不重要的。

世界上没有一样十全十美的产品，若有，也会遭到价格过高的抱怨。客户购买产品，当然要求产品的优点愈多愈好，但真正影响客户购买与否的关键点其实不多，态度真诚能有效地弥补你产品既存的弱点。

自信是推销工作的第一要素，一个没有自信的推销员，通常也做不了多久的推销员。每位推销前辈谈到这个话题时也必然告诉你：人最大的敌人就是自己，最难突破的也是自己。每个人都是一座富矿，开发多少完全靠自己，如果连开发的勇气也没有，那只好继续沉睡在社会的底层。

推销的路上有许多拦路虎，如：闭门羹、白眼、恶作剧或者调侃等等。如果你不够自信，也不能保持自信，那你的自信会很快流失，你的生命将因此枯萎。

要保持自信，首先要有"泰山崩于前而色不改"的心态，内心的情绪无论如何不能溢于言表。虽然客户没有义务温文尔雅，然而几乎所有的客户都很在乎你是否有足够的气场和深厚的修养。

如果站在客户前面的是一个稚嫩、粗鲁甚至在压力下失态的推销员，绝不会有一个客户正眼瞧你及你的产品。就算你提供的产品客户非常需要，客户也会因此落井下石，在砍价时绝不会手下留情。

再则，要知道强者是随时随地都引人尊重的，客户同样喜欢能力出众的谈判对手。存在异议的时候，如果你对自己和自己的产品不自信，就不能说服对方，更不可能让客户反而对它们产生兴趣和信心呢。

一个推销员需要的是对自己和商品充满信心，要相信自己的商品即便不是最完美的，也是最适合顾客的，这样你就会有种勇猛的气概，再通过顽强的努力，胜利自然属于你。

没有卖不出去的商品，只有不够努力的推销员，要相信一切皆有可能。

了解异议的原因

既然上帝说"不"已经成了一种常态，那么上帝为什么会说"不"呢？咱们是不是应该揣测一下天意，改进一下方法，让上帝过得更舒服一点呢？答案是：当然！为了进一步认识客户异议的内容和实质，从而更科学的预测、控制和处理各种客户异议，推销员应该了解客户异议的主要根源，树立正确的推销观念。异议的主要根源是：

1. 客户的成见

客户的成见是属于客户认知方面的一种异议根源。客户成见的内容十分复杂，主要包括客户对于推销人员的成见，对推销产品的成见，对于人生观的成见，对于消费方式的成见等。客户的成见可以导致各种类型的客户异议，是成交的主要障碍之一。从推销心理学理论上说，每一位顾客都具有一定的成见，这与客户的文化水平、社会经历和社会交往以及广告宣传和社会舆论有关，都可能使客户产生成见。

2. 客户的购买习惯

客户的购买习惯是属于客户自身的一种异议根源。在现实生活中，每一个人都有一定的购买习惯，直接影响个人的购买行为。习惯也是认知和学习的结果，客户的购买习惯可能导致货源异议、推销员异议及其他客户异议。从推销学理论上讲，推销员既要善于动用客户的习惯心理来发展客户关系，以促进推销，也要善于处理根源于购买习惯的各种客户异议，以促成交易。

3. 客户的购买经验

客户的购买经验是属于客户认知方面的一种异议根源。它主要包括客户的产品经验、价格经验及其他各种经验。客户的购买经验可以导致各种类型的异议，是成交的主要障碍之一。事实上，每一位客户都具有一定的购买经验，有成功的经验，也有失败的教训。在实推销工作中，客户往往会根据自己的购买经验来作出购买决策。推销员应该告诉自己的推销对象，购买经验并不总是可靠的，世界总是不断变化着的。

4. 客户没有发现自己的需要

这是属于客户认识方面的一种异议根源。从推销学理论上讲，推销员应该帮助客户了解自己的问题和需要，劝说客户购买商品，从而解决某种问题，满足某种需要。如果客户没有发现自己的问题和需要，就会提出需求异议及其他各种异议，推销员应该利用各种提示和演示技术，刺激客户的购买欲望，提供更多的推销信息，进行客户教育。

5. 客户真的不需要商品

这是推销员方面的一种异议根源。一般说来，经过严格的客户资格审查之后，推销员已经了解客户的需求状况。但是，在实际推销工作中，推销人员出现判断失误的情况也经常发生。如果客户真实的不需要推销品，就会提出需求异议或其他异议。事实上，人们的需要是多种多样的，也是不断变化的，推销员应该帮助客户发现需要，创造需要。

6. 客户没有支付能力

这是属于客户方面的一种异议根源，也是一种主要地异议根源。在实际推销活动中，有些客户经常利用支付能力异议来拒绝推销员，也有客户则喜欢利用其他异议来掩饰这种真实的异议根源。一般说来，需求异议和财力异议是最常见的借口异议。推销员应该进行认真的资格审查，利用有效的推销策略和异议处理技术，驳回客户的虚假异议。

7. 客户不是购买决策者

这是属于客户方面的一种异议根源，也是推销员客户资格审查和接近准备的失误。从推销过程来看，这种根源可能导致客户的权力异议和购买时间异议及其他相关异议，有时是客户用来拒绝推销员接近的一种借口。

8. 客户的无知

这是属于客户方面的一种异议根源。也是一种最主要的异议根源。在现代推销环境中，出现各方面的购买专家，也出现了许多极其无知的客户。由于无知，客户可能提出各种异议。一般来说，无知异议常常是探索性异议，客户希望推销员提供更多的信息，因此推销员不但要推销产品，还需要推销知识。

9. 推销品品质不良

这是属于推销方面的一种异议。改进和提高产品质量是处理这类异议的主要办法。

10. 推销品价格太高

这是属于推销品方面的一种异议根源。在一般情况下，推销品价格过高，可能导致顾客提出价格异议和财力异议。但是在一定条件下，推销品价格过低，也可能导致客户的需求异议和其他异议。

11. 推销员服务不周

这是属于推销人员的一种异议根源。从推销学理论上讲，服务观念是最根本的推销观念。推销员应该不断改进服务态度和服力措施，全心全意为客户服务。

12. 推销员信誉不佳

这是属于推销人员的一种异议根源。在实际推销工作中，有些推销员及其所代表的企业不负责任，不信守供销合同，交货不及时等，甚至欺骗和坑害客户等，严重地损害了商业信誉。

13. 推销礼仪不当

这是属于推销员方面的一种异议根源。在实际推销工作中，许多推销员完全不讲究什么推销礼仪，因此无法取信于客户，甚至使客户十分厌恶和反感。

14. 推销信息不足

这是属于推销人员方面的一种异议根源。在推销面谈过程中，推销员要向客户发出大量的推销信息。但是由于客户的接收能力和理解能力不同，许多客户感到推销员发出的推销信息太少。由于推销信息不足，客户可能提出各种异议。对于这类异议，推销员必须继续提供更多的推销信息。

15. 推销证据不足

这是属于推销员方面的一种异议根源。由于推销证据不足，客户可能提出各种异议。对于这类异议，推销员只能继续提供更多的推销证据，以取信于客户。

16. 客户有比较固定的关系户

这是属于客户方面的一种异议根源。在长期购销活动各，客户很可能与一些推销员或者其企业达到一定的生意默契，并维持较稳定的合作关系。因此，客户可能会提出货源异议及其他异议。对于这种异议，推销员除了要认真对待外，还要用自己的真诚打动客户，取得客户的信任。

17. 客户情绪不佳

这是属于客户的一种异议根源。在实际推销工作中，总难免会遇上客户心情不好的时候。由于心情不好，客户就会提出各种异议。一般来说，这是一种虚假异议，推销员应避免正面处理这类异议，大事化小，小事化了。

先迎合异议，避免争论

推销员在回答问题或异议的时候很可能陷入争论，与洽谈的其他时候相比，这种倾向要大得多，争论不但极容易发生，而且会带来极大的灾难，有时你会突然发现你已和客户争论起来，还不知道是怎样开的头。

这就要求你必须切记：不管客户怎样激烈地反驳你，不管他的话怎样与你针锋相对、想和你吵架，你也不要争论。争吵的胜者必定是生意的败者，即使你在争论时赢了客户，若用长远的眼光看，则推销一定失败。宁可在争论时输给客户，也要把东西推销出去，这才是硬道理。

美国运动健将哈里斯回忆他大学时候的故事，"大学时我曾经代表学校参加 3000 米赛跑，那天刮着很强烈的阵风，刚一起跑，面临着逆风，立刻觉得脚步不太对劲，跑完 400 米回到起点时，我名列第五，我正感到沮丧时，突然教练的声音在我耳边响起，他大声喊'减低逆风的阻力'，此时我看到前面有些选手上半身被风吹得有些上扬，跑起来显得非常吃力，我发现我自己也是这样，于是，我立刻调整姿势，尽量把头往下压，身体略为弯曲，尽量减低逆风的阻拦，顿时，速度加快，脚步轻盈了许多，逐渐追上了前面的选手，终于夺得了冠军。"

从这件事我们可以看出，在推销时，推销员的言辞给客户的压力越大，客户反抗也就越大，如同台风过后，横倒在路上的都是粗大的树杆，而路旁的矮树、细柳却安然无恙。

米开朗琪罗是一位伟大雕塑家，也是一位对人性透彻了解的哲人。他曾经替当时一位权势显赫的客户雕塑一座巨大的石像。历时几个月，当石像接近完成时，客户过来一边观看一边说出了许多自己的看法，特别是对石像的鼻子部分，感到非常不满意，希望米开朗琪罗能依他们想法，考虑看看能否重新修改已接近完成的石像。

米开朗琪罗立刻爬上梯子，拿着锤子，在石像的鼻子部分，不停地敲打起来，汗流满面。下了梯子后，他走到客户旁，仰看着修改后的石像。他用充满感性的声音谈道："啊！依照你的想法修改后，实在觉得好多了，简直就像注入了生命一样！"米开朗琪罗这种感受，立刻让客户的态度做了 180 度的转变，客户立刻开始赞美米开朗琪罗，说他能在一会儿的工夫内就改变了石像的整个感受，于是立刻接受了米开朗琪罗的作品，米开朗琪罗几个月的辛苦，也不至于白费。

米开朗琪罗的故事，给我们两个启示：

1. 要赢得胜利，小处不妨忍让。

2. 要让你的客户有面子。

刚开始从事推销工作的推销员，对客户提出的异议都千方百计地排斥以证明自己是对的，往往让客户在被推销的过程中经历一段不愉快的时光，这个做法，实在必须立刻改正。

真正的推销专家从不会想到要谈赢客户，他们只是建议客户，他们总能让客户在感受尊重的情况下进行推销工作。

当客户提出反对看法的时候，若这些反对的看法不会影响最终合约或只要修改一些合约内容时，我们告诉客户'你的看法很好'或'这个想法很有见解'等赞成客户意见的说辞，我们就在赞成客户的状况下进行推销工作。

当客户对他先前提出的反对意见很在意的时候，他必定会再次提出，而通常不是重大的反对意见，当我们讨论合约中的一些重要事项时，客户多半已不再提出。我就是用这种方法进行的推销工作，客户签约时，他们都会觉得是在自己的意志下决定消除某些合约内容的！

推销的最终目的在于成交，说赢客户不但不等于成交，反而会引起客户的反感。所以，为了使推销工作顺利地进行，不妨尽量表达对客户意见的肯定看法，让客户感到有面子。千万记住，逆风行进时，只有降低阻力才能行得迅速、不费力。

用提问应对顾客异议

客户："我希望你价格再降10%！"

推销员："先生，我相信你一定希望我们给你百分之百的服务，难道你希望我们给的服务也打折吗？"

客户："我希望你能提供更多的颜色让客户选择。"

推销员："我们已选择了五种最被客户接受的颜色了，难道您希望有更多颜色的产品，增加您库存的负担吗？"

上述例子里，推销员用一种反问的方式拒绝了客户的价格和产品异议。这是种相当巧妙且有用的方法。

提问法在处理异议时起到两种作用：

1.通过提问，把握住客户真正的异议点

推销员在没有确认客户反对意见的重点及程度前，直接回答客户的反对意见，往往可能会引出更多的异议，让推销员自困愁城。

客户："这台复印机的功能，好像比别家要稍差。"

推销员："这台复印机是我们最新推出的产品，它具有放大缩小的功能、纸张尺寸从 B5 到 A3；有三个按键用来调整浓淡；每分钟能印 20 张，复印品质非常清晰……"

客户："每分钟 20 张实在不快，别家复印速度每分钟可达 25 张，有六个刻度能调整浓淡，操作起来好像也没有那么困难，副本品质比你的要清楚得多了……"

这个例子告诉我们，推销员若是能稍加留意，不要急着去处理客户的反对意见，而能提出这样的提问，如"请问您觉得哪个功能比那一家的复印机要差"？客户的回答也许只是他曾经了解到 ×× 牌的复印机具有六个刻度能调整复印的浓淡度，因而觉得你的复印机的功能好像较差。

若是推销员能多问一句，他所需要处理的异议仅是一项，可以很容易地处理，如"贵公司的复印机非由专人操作，任何员工都会去复印，因此调整浓淡的刻度过多，往往员工不知如何选择，常常造成误印，本公司的复印浓度调整按键设计有三个，一个适合一般的原稿，一个专印颜色较淡的原稿，另一个复印颜色较深的原稿。"经由这样地说明，客户的异议可获得化解。

在推销员的字典中，有一个非常珍贵、价值无穷的词——"为什么"？不要轻易地放弃了这个利器，要自信，认为自己已能猜出客户为什么会这样或为什么会那样，让客户自己说出来。

当你问为什么的时候，客户必须做两个反应：他必须回答自己提出反对意见的理由，说出自己内心的想法；他必须再次检视他提出的反对意见是否妥当。

此时，推销员能听到客户真实的反对原因及明确地把握住反对的项目，也能有较多的时间思考如何处理客户的反对意见。

2. 通过提问，直接化解客户的反对意见

这种方法的技巧就是牢牢掌握客户所说过的话，以此来促使洽谈成功。比如有一客户这么说："我希望拥有一个风景优美的住处，有山有水。而这里好像不具备这种条件。"

那么，你可马上接着他的话说：

"假如我推荐另外一处有山湖水色的地方，并且以相同的价格提供给您，您买不买？"

这是一种将就话的方式，这种谈话模式对推销有很大帮助。就上正面一段话，客户是否真的想拥有一个山湖水色的地方姑且不管。你抓住他所说的话而大做文章，给他提供一个符合他条件的地方。这时，他事先说过的话就不好反悔了。这样的情况在我们生活中也时常发生。

譬如我们上街去买衣服，走进一个服装店里挑选，其实这时你还无心购买，只不过是看看而已。这时营业员就会上来对你说：

"您喜欢哪一件？"

"把那件拿给我看一看。"

"这衣服不错，挺合您身的，穿上会显得更潇洒。"营业员拿过衣服会这样说。

"不过，这衣服的条纹我不怎么喜欢，我喜欢那种暗条纹的。"

"有啊，我们这里款式多着呢！您看，这是从广州 ×× 服装公司进来的，价格也挺便宜的，和刚才那一件差不多，手工也不错。怎么样？试一试吧！"

"嗯……啊，还不错，大概要多少钱？"

"不贵。像这种物美价廉的还真不多。您到那边去看看，一件进口的名牌衬衫就要 1000 多块。就连一条领带，也要 300 多。其实用起来也就差不多。这件才 450 元呢！"

"还是这么贵啊！"

"再便宜穿起来就没有这么气派了，现在稍微好一点的也就这个价格。"

"好吧，我买了。"

你说想要什么款式的，他就给你提供你说的那种，让你不得不买。

譬如一个推销员推销小轿车，碰到一位客户，这么对他说：

"这部车，颜色搭配不怎么的，我喜欢那种黄红比例协调的"

"我为您找一辆黄红比例协调的，怎么样？"

"我没有足够的现金，分期付款行吗？"

"如果您同意我们的分期付款条件，这件事由我来经办好了"。

"哎呀，价格是不是太贵啦，我付不起那么多钱啊"。

"您别急，我可以找我的老板谈一谈，看一看最低要多少钱才行，我一定会尽力帮您争取的"。

有时推销员也能通过向客户提出反问的技巧，直接化解客户的异议。这种方法让客户明白推销员很是为难，坚持自己做出的异议要求恐怕不会得到效果。既然一条路已经被堵死了，另一条差不多的路依然还在，何必固执呢？

解除异议，把"×"变成"√"

推销就是要和"拒绝"作战。客户对你的拒绝并不一定说明他就没有购买的欲望，恰恰相反，客户的拒绝正是成交的开始。推销人员可以说是与"拒绝"打交道的人，战胜拒绝，才称得上是营销高手。

有经验的推销人员都有这种经历：有些客户嘴里虽然拒绝，但是对于商品却爱不释手，表现出一种欲购不能、欲罢不忍的样子，这些正是他想要成交的信号。

所以说，客户的拒绝，正是他对于商品产生兴趣的时候，也正是成功的开始。只要我们能够成功地打消他拒绝的理由，就会立马成交了。

一般来讲，客户大部分都会以何种形式拒绝呢？面对此种拒绝，推销员又该怎样做呢？

1. 以"我没钱"为借口拒绝

客户一脸真挚地对推销人员说："不怕你笑话，我这一段实在有点紧张。说实话，你的产品真不错，我很想买一件，可是没有钱，等我有了钱之后一定买一件，你看怎么样？"大多数推销人员一听这种"借口"，便觉得根本不可能成交了，你买东西，没有钱难道白给你不成？

有这种想法的推销人员白白放过了一个很好的成交机会。其实，客户嘴里的"没钱"是极富弹性的，很可能就是一种借口。如果被这种借口迷惑，就很难创造出好的业绩来。

对付"没钱"的借口，就是要避免和客户"没钱"的借口正面交锋，要在他还没有说出"没钱"的时候，就预先封住他的嘴，让他说不出"没钱"两个字。

2. 以"以前用过，并不好用"为借口决绝

如果客户说："以前用过你们的东西，很糟糕。虽然你们说是已经改善了，但你们产品的质量我很清楚。"

面对客户以这种借口决绝时，有很多推销员往往会反驳说："哪有那回事。"然后再将产品改善的部分罗里啰唆说一通，甚至还会跟客户发生争辩，争得面红耳赤。

之所以出现这种局面，或许是推销员听到他的产品或公司被人家说坏话而感到气愤。可是对客户而言，不论他讲些什么反对意见也是绝无恶意的，倘若客户果真存有恶意，又何苦跟推销员进行当面沟通呢？所以既然客户愿意与推销员进行当面沟通，并能够拿起他的商品来瞧瞧，再说些反对意见，这种种行

为就表示对制造厂商、对推销员、对商品颇有好感，甚至有购买的意向。

3. 以"改天再来"为借口拒绝

有一些客户往往会用"改天再来"的借口来搪塞推销人员。用这种理由做借口的大半是优柔寡断，自己不能够拍板的人，所以你要有一点点耐心，给他们留下一点下决心的时间，你可以对他说："是呀，买这么贵重的东西，是要好好考虑一下。"然后把说明书留给他一份，过几天再去拜访。这样，当他获得了考虑的机会之后，一般都能够痛痛快快地成交。

4. 以"我要向朋友买"为借口决绝

当推销员拜访客户时，很可能会碰到这样的情况，他会先问一下产品的名称和制造厂商，然后说："谢谢你，你很辛苦。不过很抱歉，前几天已经买过了。"或是"很对不起，我不能向你买，因为某厂家，我有朋友在里面，都是老熟人了，不向他买有点说不过去。"

针对客户的这种借口，很多推销员往往束手无策，最终只是知难而退，放弃产品的推销。其实这种失败只是说明了推销员对于这种相反论调的处理方法缺乏研究。的确，碰到这种立场不坚定的客户，会让人不知道该如何开口，尤其是对新手来说就更是无所适从。

推销员在遇到这种情况时，千万不能退缩，应该试着去确定一下此话是否属实。

"能够向自己的朋友买再好不过了，你们是认识多年的好朋友吧。"此时客户倘若善于应付推销员的话，当然就另当别论。但是，通常客户会说："都好多年了。"

此时，你可以拿出一个参考意见，拿出产品的说明书、图样来给他看，或是一边操作示范劝导其买下。但是客户一点也没有改变主意的2，则必须想办法游说，或是做个长期计划，先慢慢成为客户的朋友，在逐步进行推销。

5. 以"我很忙"为借口拒绝

有的客户，会以"我现在很忙"来推辞。如果是这样的话，一个聪明的推销人员就要迅速地判断他是"真忙"还是"假忙",如果是真忙的话,你可以和他约好只谈5分钟。"我看你这样忙碌,实在不好意思打搅你,不过请您给我5分钟时间听我几句话,说完我就马上走,你看怎么样?"一般的客户对于这样的要求一般都不会拒绝的,所以,你可以抓紧这5分钟的时间,将他说服,顺利成交。

总之,拒绝并不可怕,拒绝正是客户认可的开始。在面对客户拒绝的时候,只要抓住客户的心理,就能够顺利地和他成交。

讨价坏价应对技巧

客户之所以在购买商品时讨价还价,是因为他们对价格有很大异议或是追求成就感。对此推销员的应对对策为首先要自信,突出品牌的力量,建立不容置疑的诚信感;其次是对客户适度的恭维与夸奖,使消费者获得某种程度的满足感,最后用执着打动客户的心。那么,在与客户讨价还价的过程中,推销员应该掌握哪些技巧呢?

1. 指利谈价技巧

在推销行列中,价格总是被客户最长提及的话题。不过挑剔价格本身并不重要,重要的是在挑剔价格背后真正的理由。为此,每当有人挑剔你产品的价格,不要和他争辩。相反,推销员应该感到欣慰才对。因为只有在客户对你的产品感兴趣的情况下才会关注价格,你要做的是,只是觉得价格符合产品的价值,这样你就可以成交了。

突破价格障碍并不是一件困难的事情,因为客户如果老是在价格上绕来绕去,这是因为他太注重于价格,而不愿注重在他能得到的哪些价值。

在此情况下,推销员可以试试下面的办法。要温和地对客户说:"王先生,请问您是否曾经不花钱买到过东西?"你要耐心地等待他的回答,他可能会承认,他从来就不期望他买的便宜货后来都很有价值。

此时，要继续对客户说："王先生，您是否觉得一分钱一分货的道理？"这是买与卖之间的道理，当你用到这种方式做展示说明时，客户几乎都必须同意你所说的很正确。在日常生活中，一分钱买一分货。任何人都不可能不花钱就能买到东西，也不可能用很低的价格却买到很好的产品。每次你想省钱而去买便宜货时，却往往悔不当初。

于是推销员可以用以下话语来结束交易："王先生，我们的产品在这高度竞争的市场中，价格是很公道的，我们可能没办法给您最低的嫁个，而且您也不见得想要这样，但是我们可以给您目前市场上这类产品中可能是最好的整体交易条件？王先生，有时以价格引导我们做购买决策，不完全是有智慧的。没有人会为某项产品投资太多，但有时投资太少，也有他的问题所在。投资太多，最多您损失了一些钱，投资太少，那您所要付出的就更多了，因为您购买的产品无法给您带来预期的满足。"

在众多的产品中，很少人会以最少的价钱买到最高品质的商品，这就是经济的真理，也就是所谓的一分钱一分货的道理。

当客户在了解推销员是绝对真诚爽快的人后，他必定会了解你的价格无法减让，这不是拍卖会，推销员并不是那里高举产品，请有兴趣的人出价竞标。推销员是在推销一项价格合理的好产品，而采购决定的重点是，你的产品适合客户，从而解决问题和达到目标。

2. 高低并举技巧

顾客购买产品一般都会采取货比三家的方式。在这个时候推销员就要用自己产品的优势与同行的产品相比较，突出自己产品在设计、性能、声誉、服务等方面的优势，也就是用转移法化解顾客的价格异议。

常言道："不怕不识货，就怕货比货。"由于价格在"明处"，客户一目了然。而优势在"暗处"，不易被客户识别。而不同生产厂家在同类产品价格上的差异往往与某种"优势"有关。为此，推销员要把客户的视线转移到产品的"优势"上。这就需要推销员不仅要熟悉自己推销的产品，也要对市面上竞争对手的产品有所了解，这样才能做到心中有数，知己知彼、百战不殆。

另外，推销员在运用比较法的时候，要站在公正、客观的立场上，一定不能恶意诋毁竞争对手。通过贬低对方来抬高自己的方式只会让客户产生反感，结果也会令推销员失去更多推销的机会。

3. 双赢技巧

虽然推销员开展推销沟通的直接目的就是为了以自己满意的价格推销出更多的产品或是服务，但是如果只专注于自身的推销目的而不考虑客户的需求和接受程度，那这种推销沟通注定要以失败而告终。所以推销人员必须要在每一次推销沟通之前针对自己和客户的利益得失进行充分的考虑。不仅要考虑自己的最大利益，也要开率客户的实际需求和购买心理。

通常客户都希望以更低的价格获得更好的产品或服务。而推销员则希望自己提供的产品或服务能够获得更大的利益。在此，推销员应该了解，自己和客户之间即存在相互需求的关系，又存在一定的矛盾冲突。如果能把握客户特别关注的需求，而在一些自己可以接受的其他问题上进行让步，那就会使双方的矛盾得到有效的解决。

4. 化整为零技巧

推销员在与客户讨价还价时，可以将价格分割开来，化整为零，这样可以在顾客心理上造成相对的价格便宜感，使客户陷入"所买不贵"的感觉中，这样比用大数目进行报价会取得更好的效果。

如："一盒才5元，也就是说一支才0.5元，很便宜。""贵是贵了点，但仔细想想，这种产品又耐用，用个5年、8年没有问题，算下来每天的投入不到8毛钱，买个健康，何乐而不为呢？"又如某化工产品每吨七千元，推销员在报价时就可以报成每公斤才七元。相比之下，可见这种以公斤报价，比以吨报价，更具吸引力，也更显便宜。

因此，在报价时，推销员不妨将价格换个说法，化整为零，化大为小，让客户从心理上减轻商品价格昂贵的不利影响。这种报价方式的主要内容是换算成小单位的价格，减小计量单位：如将"吨"改为"千克"，"千克"改为"克"；"年"改为"月"，"月"改为"日"；"天"改为"小时"，"小时"改为"秒"等。

由此可见，价格因素在推销过程中的重要性。虽说价格不是决定推销的唯一因素，却是推销员掌握好喝顾客谈价格的技巧，也就能在推销过程中尽量避免因为价格问题产生的失误，使得推销业绩再上一个新台阶。

5. 暗示对比技巧

为了消除价格障碍，推销员在与客户的洽谈过程中可以采用比较的方法，它往往能收到良好的效果。比较的做法通常是拿所推销的商品与另外一种商品相比，以说明价格的合理性。在运用这种方法时，如果能找到一个很好的角度来引导客户，效果会非常好。如果商品的价格与日常支付的费用进行比较等。由于客户往往不知道在一定时间内日常费用加起来有多大，相比之下觉得开支有限，自然就容易购买商品了。

比如说购买大件物品的时候，客户往往会嫌价格贵，不划算为由拒绝购买，这通常是客户固有的心理。对于这种客户千万不要说"价钱可以商量、可分期付款"之类的话，这是一种很糟糕的答话方式，这无异于承认你推销的商品定价的确过高。那么怎样说才算是恰当的呢？

一套家庭组合的家具是 3000 元，客户嫌贵。一位推销员曾向他的客户这样证明家具的价格："您说的一点也不错，3000 元的确不是一个小数目。但是朋友您想没想过，这东西不是一天两天，一年两年就能用坏了的。一般情况下，它能用个十年八年是不成问题的，就假定它只能用五年吧，一年平均 600 元，每一天平均不到 1.5 元。一盒烟至少也要六七块钱，一天您总要抽一盒吧，您看这还不到一盒烟的价钱。这样一天分摊的费用不能算贵吧。我想您赚的钱支付它绰绰有余。"

在这段话中，这位推销员承认了客户的说辞，让他的心里得到了满足。然后，又给他算了一笔账，不算不知道，一算就明白了。原来 3000 元整体看是一个大数目，但是一化整为零，就不显得多了。况且在跟每日吸烟所花费的烟钱一比较，就更微不足道了。于是客户欣然掏出了钱包。

6."三明治"还价技巧

"三明治"的还价技巧是对价格前后加以修饰和保护，减缓价格对客户的强烈刺激，像"三明治"一样，将价格夹在了中间，并涂了些"奶油"以达到润滑目的。

如："这是省优部优产品，卖9元整。""这种方便食品，价格也方便，5元钱卖给你，包你满意？"这种三明治的还价技巧强调了产品的特点，使客户在获得价格信息的同时，获得了如"省优、部优""方便"等多种信息，因此在客户考虑价格问题上，自然而然的为这个价格作出了解释，使他产生"值"这个价的感觉。

"三明治"报价方式所实施的保护措施，可分为商品本身质量和顾客购买后的好处和利益。表现产品质量的有：正品、金奖产品、优质、进口产品、畅销产品及代表商品信誉的厂名、产地和产品本身的名称内容等。如："国家金奖产品，20元整。""消费者最喜爱产品，20元整。""这是长城电扇，185元。"

表现购买好处和利益的词有：安全、舒适、方便、卫生、包送、包安装等可以给消费者的真正实惠的附加利益。如"二环路以内包送货上门，包安装。200元一台，多值！""季节性让利大削价，60元一件，买了划算，是您明智的选择。"

在使用"三明治"还价技巧时，也要因人而异，学会寻求，揣摩顾客的需求点，以达到最好的"打动"效果。

推销员成功谈判五绝招

推销员在与客户的谈判过程中要善于观察客户的言行举止，以致在其中找到了解客户内心行动的法宝。那么，推销员在谈判时应该掌握哪些绝招呢？

1. 转换环境说话绝招

在自己的地盘上，顾客或者大客户多少有点"主人"架势，说话做事带有优势和主动权，况且，是推销员主动拜见，他们难免要摆出一副姿态，以显示区域市场"老大"地位，所以，当推销员和他们谈判时，应做好心理准备，一是谈判失败，二是没有主动权。

推销员无法左右客户的意见。针对此种情况，推销员可以采取以下几种措施，保证自己的主位影响：首先，把此次拜访当成会见老朋友，别对成交抱太大希望，多交流感情、产品和市场，不谈合同。其次，选择人少、休闲的地方或者所住宾馆房间，避免对方公司人多嘴杂，影响思路。第三，不妨多谈谈经销商和大客户公司的情况，让他们感觉你很挑剔，非常严格地甄选合作对象。最后，和他们谈完后，适当流露出多待几天，并想走访市场的信息，让经销商和大客户揣摩思量。

2. 善用顾虑抢先法

任何客户真正想合作前，都会挑剔厂家或品牌毛病，目的是争取利益和政策，从成交的角度分析，这是成交法里的暗示法，此时，推销员千万要记住：不要慌，无论对方说得多么正确，都要沉住气，推销员可以顺势或者借势解决对方的挑剔。

第一，用身体语言调整姿势或者表情，或者笑笑，表示胸有成竹。

第二，先顺势承认对方的观点，以示尊重和礼貌，但同时应说，我们公司已经考虑到此问题，正在解决或者已经解决了。

第三，如果业务员心中对对方提出的问题无法回答，应真诚记下并迅速反映给公司，期望得到迅速解决。

第四，用顾虑抢先法，重点强调其他竞争品没有的优点，弱化产品缺点，并说明差异化优势，以及此种差异化给对方所能带来的效益和影响。

3. 显示专业而礼貌的销售道德，和成熟的市场操作能力。

客户对自己品牌的了解肯定没有推销员专业，双方洽谈时，推销员一定要能解答任何问题，尤其是市场问题和营销政策，更主要的是，对于合作后的市场操作，推销员能够迅速制定或提出一些营销解决方案，供对方参考，这样，客户就不会患得患失，没有在市场操作层面上的忧虑，这时候，客户不信服都不行，自然地，成功的概率就相当大了。

4. 多问不代表无知

对区域市场，客户永远比业务员熟悉，多问，显得推销员虚心学习，从心理上给予客户好感，另外，多问，表示企业真心做市场，推销员是真心与他合作，对方肯定滔滔不绝地与推销员探讨市场，当对方在谈时，推销员一来可能发现市场机会，二来可以思考与对方的合作方式，并制定适合当地的营销政策。

5. 善用营销工具

无论是第几次拜访客户，推销员都应备好所有营销工具，包括合同，以随时准备签订；洽谈时，推销员一定能够要善用这些工具，比如，当经销商所有提出的问题得到解答后，或者谈话陷入沉默时，推销员应该顺势拿出合同、计算器等工具，帮客户计算优惠、制定市场分销目标、测算网点数量，以及合作后经销商最终得到的实际利益，甚至直接问询客户：您看，我们是否把合同签了？

迂回式交易的运用

我们先来探索一下"迂回"的含义：它是指为了移植大的树木，而且保证其在移植后枝叶茂盛，故在移植前，先将大树周围进行挖掘，切掉主根和其他旁生的根的一部分，然后用草绳将根捆紧重新埋回去，以便使它在新的地方长出很多的须根。它是园艺工作移植树木的预备工作。

理解了"迂回"的含义，运用到讲价中，使用某些策略从周围下手，达到不战而屈人之兵的目的。

　　"迂回"这个词在字面上有一种隐隐约约的让人讨厌的印象，似乎与讨价还价一样。然后假如从实际出发，讨价还价在商场买卖中是一种很了不起的交涉技术。它是买方与卖方在要求交换的范围内，不可避免的一种技术形式。在商品社会中，是很受人重视的，是体现商品价格的方式之一。而"迂回式交易"在交易买卖上也是不可轻视的一种手段，它有时会以小利而赢大利，是一种游击的交易方法。

　　讲价是买卖双方进行商品交易的一项重要内容，在其中加上些技术性的方法也是很必要的。现在我们当然应该承认迂回式买卖的有效、有利之处了。它是一种特别重要的推销术。

　　假如推销员准备对某个家庭推销其新产品，那么他的迂回交易策略应当怎样进行？

1. 从相互妥协入手开始

　　在人际关系中，相互之间的交往有时是通过妥协开始的。所谓交易从实质而言，是双方的希望与要求的交换，即交易双方都必须得到利益。如果只是己方得到利益而对方什么也没有得到，就无法建立良好关系，也就没有相当程度的交易，这是任何一方也无法接受的。彼此间利润的获得，是通过正当的交易而产生的，那种一方得利的愿望只是幻想。

　　在商业谈判中，双方都应本着"给予"的一贯精神，才能取信于人，才能建立良好的买卖关系。双方彼此之间没有高低之分，推销员与买方经理有着同等的地位，他是为了买方的利益而来，不是乞讨者。

2. 迂回式交易是第一等级

　　对于正式合法的经营推销方式来说，那种从上而下的周旋只能暂时奏效，并不能长久持续，而从最根本开始的迂回，即能使当事人、使用者满意的那种迂回，才是最重要的。

3. 弄清迂回式交易的目标

　　在大型商业的谈判中，有时真正拥有实际权力的幕后人物并没有出现，只是他们的代言者和代理人在台面上。这种人物是很棘手的一类。

"射人先射马，擒贼先擒王"这句成语，是迂回式买卖的要点，如果你不能迂回地找到这个人物进行交涉，即使你很认真地全力以赴，也并不一定成功。

4. 迂回式交易和私人交往

迂回式交易其中非正式交往的因素影响很大。这种交往是以私人交往为基础的彼此真诚相待的关系。迂回不是欺骗，建立买卖双方关系不是一种虚伪的假象，而是为了双方的利益而进行的一种更为和谐、温和的交易方式。如果没有这种关系，人就无法亲近。如果不亲近，就无法得到最新信息，也无法得到帮助。为了更亲近，彼此之间应抛弃工作的束缚，真正建立一种知心的相互关系，这种关系有时好似兄弟、姐妹之情，还有忘年交。

5. 理智与非理智在迂回交易中

将商业谈判设在非正式场合，使场中气氛融洽，从而增进友谊，同时又可捕捉对方内心真实的动向，这在生意场上是很重要的。但更为重要的是要认清正式与非正式之间的关系，探求它们的连结点。因为有时理智决定的事，却会因为个人感情用事，而被心中的真心话所否决，这是经常的情形。反之，也会以理智来推翻非理智的内心活动，因而如何通过交往过程来发现理智在对方心目中的地位是很重要的，这样的迂回观察对于推销员的讨价还价很有帮助。当对方不理智时，可能采取几种方法进行调整，比如向之晓以大理，告诉对方他在生意中的利益之处；与别的客户作对比，让对方产生赢得生意的优势感。

6. 从推销自己开始

迂回式交易最关键的就是要双方彼此了解。在推销商品前先推销自己，即让对方了解，使对方对你产生信任感，这样他才会转向无意识的商品。迂回式交易也是同样道理。推销自己并不是靠夸大其词的言语来哗众取宠，也不是靠屈膝的奴才相求得对方的怜惜，而是要用行为和服务等实际行动来体现作为一名推销员的人格，以有意识的人去影射无意识的商品，使对方接受，这就是秘诀。

7. 通过广泛接触来赢得成功

迂回式买卖是一种技巧性很强的经营手段。它不是简单的技巧问题，是一种主动、积极的经常接触。一名优秀的推销员，他会在"用脑"的同时，在脚下勤下功夫，在来往中制造机会赢得客户，以使推销成功。

当然机会不是在等待中产生的，只有自己去创造。接触次数的多少也决定着时机，就像定期给予对方方便那样，时机有时就隐藏在这背后。在这当中可以让对方知道自己的诚意，加深相互接触的亲密感，了解对方的内心世界，探知他的真正用意。有了时机再加之平时优良的素质，就可以主宰商场风云。

8. 要善于缓解纠纷

纠纷每时每刻都在人类社会中发生。因此，交易场上也有它的"身影"。由于各自所处立场不同，对价值意识的认识也不同，可能会出现彼此互不支持的局面。因为那对立的感情相互僵持，对于推销员来说，谈判中僵持的情绪会忽然降在他头上。所以这时的"迂回式"就是将对立纠纷缓和下来，而诱导对方坐上谈判桌，获得对方同意及协助，以达到目的。

9. 为对方的面子着想

中国人历来很注重面子，有"士可杀而不可辱"的古训。在商场中也是如此，要考虑到各自的面子，自己不能失去尊严，对别人也不能横加羞辱。要了解其立场及心情，谨慎地应付，切不可使丢脸的事情发生。即使是很亲密的关系，也不可和对方开过分的玩笑，使其丧失颜面，否则会失去朋友而成为敌人。在这种情况下，迂回式就是为了保全对方面子，得到对方协议而下的功夫。它是迂回式交易成功的主要内容和条件。

10. 成功有时来自真诚的对话

在现代社会中，注重时间效率已形成共识。因此迂回交易也有通过书信和电话进行的。由于彼此不能面对面地交流，因而对话的巧妙与否就成为一个大问题。对话不仅包括双方的问答，而且包括互相倾听。由倾听而产生共鸣，寻找到共同点，这就是商业洽谈的基础。

11. 迂回式交易中的照顾现象

迂回式交易中的照顾，包括事前照顾与事后照顾。所谓事前照顾，就是对于有关买卖的问题事前共同研究，使其产生一种荣誉感和参与意识。事后照顾就是在进行买卖活动后，为表彰达成协议而发的一种津贴。这种津贴的保证应该在达到协议的同时对其暗示一番。当然公私方面的照顾活动是最高级的迂回买卖，对协议的感谢也应考虑在内。

12. 使协议者参与议价谈判

在交易场上，能够面对面参加谈判的人毕竟有限。在这种情况下，迂回式交易的目的就是要使协议者间接地参加交易谈判，这样可以改变与对方所造成的感情的不融洽。对此，有经验的谈判者总是寻找某种借口、某种机会，与对方周围的人进行交谈应对，能让他们有一种参与意识，让他们产生信任感，这样对于帮助自己更广泛地了解对方、说服对方有很大的作用。

13. 事先充分准备是迂回式交易的条件

充分准备是为了更好地采取行动，为预先击败对手占据优势创造条件。事前准备得是否细致充分，对竞争日益激烈的商界来说至关重要，先下手去谈判，往往能够决定它的胜负成败。迂回式买卖其实有一些已经接近了订合同的最后一关，但这并不是已成功。事先准备工作已成为一种技巧。因而有商业竞争前应广泛地了解客户，利用各种商业策略去接触对方，这样在商业场中才会立于不败之地。

在商场中通过各种渠道，利用现代化的通信手段，进行信息情报的搜集，获得大量对商业议价有用的资料，可以在别人之前首先赢得客户，占领市场，进而取得更大利润。

14. 商业形式比商业内容更加有用

迁回式交易既包括形式又包括内容。所谓内容是指在迁回过程利用什么样的策略、方法去赢得协助者、同情者，进而向决定者施加影响，使其对推销员和商品产生同样的信任感和对商品的购买欲。

而迁回式交易中的商业形式，主要是指买卖双方的人群数、场合地点、会谈时间，谈判者的性别、年龄、经历等。这些形式问题表面上看起来相当简单并且与谈判主题关系不近。其实，这种认识是错误的，这种事前准备形式的巧拙直接左右着"迁回式交易"的成败。可以使你在"知已知彼"的条件下掌握对方，能够掌握场上情绪，根据不同需求，了解不同人物，做出不同决定和利用不同策略，进而始终处于优势地位。

15. 从日常积累开始

推销员往往应该在平时就养成善与人交往的习惯。通过每年的信件交流、电话联络可以在客户群中形成一个大局面，虽然是小小的感情积累，但天长日久必会产生很大的作用。比那种大规模的迁回式交易更具有很大的攻击作用。因为此种平常交往，是在彼此间无利益关系的条件下产生的，它具有纯洁性和可靠性，并且这种开始的背后，必会有某种大规模的利益所在。

16. 利用神秘感来迁回交易

人们对神秘的东西往往有很大的好奇心，迁回式交易利用这种方法，不失为良策。在商业交谈中偷偷地将己方的意图传到另外一些人的耳中。秘事传千里，任何神秘的秘密，都很容易被揭露。推销员依靠这种技巧，将自己的意图借别人的嘴传到商业谈判者的耳中，虽然有时"秘密"失真，但仍然能使其产生一种好奇的商谈欲望，希望与推销员商谈，以求探其真伪。对于这种机会，推销员只要善于把握，适当地运用有效策略，便可以稳住对方，达到控制场上气氛，利用优势来赢得商场竞争的好处。但这种神秘感切不可过分做作，否则会弄巧成拙。

17. 对大多数个人、集团都适用的方法

我们知道对于个人决策者，迂回式交易可以利用其周围的人来实施，但对于法人集团或其他组织严密的公司，这种方法又有其局限性。不管个人还是集团，人际关系这种方法都是有用的，具有非正式形式的人际关系对商业交涉是很有效的。由于在人际交往中，大家能够在一起相互融洽，是不以权势的大小为依据的，是本着诚恳友好的感情，好像兄弟姊妹一样。这样的环境完全超脱了商场中的那种尔虞我诈的交易。

这种迂回策略，有时表面上效果不太明显，其实在对方心中已打下基础，是一种高效迂回式交易，对于任何商业性质的交易都是有益的。

迂回式交易的运用

"迂回"这个词在字面上有一种隐隐约约的让人讨厌的印象，似乎与讨价还价一样。然后假如从实际出发，讨价还价在商场买卖中是一种很了不起的交涉技术。它是买方与卖方在要求交换的范围内，不可避免的一种技术形式。在商品社会中，是很受人重视的，是体现商品价格的方式之一。而"迂回式交易"在交易买卖上也是不可轻视的一种手段，它有时会以小利而赢大利，是一种游击的交易方法。

讲价是买卖双方进行商品交易的一项重要内容，在其中加上些技术性的方法也是很必要的。现在我们当然应该承认迂回式买卖的有效、有利之处了。它是一种特别重要的推销术。

假如推销员准备对某个家庭推销其新产品，那么，他的迂回交易策略应当怎样进行？

1. 从相互妥协入手开始

在人际关系中，相互之间的交往有时是通过妥协开始的。所谓交易从实质而言，是双方的希望与要求的交换，即交易双方都必须得到利益。如果只

是己方得到利益而对方什么也没有得到，就无法建立良好关系，也就没有相当程度的交易，这是任何一方也无法接受的。彼此间利润的获得，是通过正当的交易而产生的，那种一方得利的愿望只是幻想。

在商业谈判中，双方都应本着"给予"的一贯精神，才能取信于人，才能建立良好的买卖关系。双方彼此之间没有高低之分，推销员与买方有着同等的地位，他是为了买方的利益而来，不是乞讨者。

2. 迂回式交易是第一等级

对于正式合法的经营推销方式来说，那种从上而下的周旋只能暂时奏效，并不能长久持续，而从最根本开始的迂回，即能使当事人、使用者满意的那种迂回，才是最重要的。

3. 弄清迂回式交易的目标

在大型商业的谈判中，有时真正拥有实际权力的幕后人物并没有出现，只是他们的代言者和代理人在台面上。这种人物是很棘手的一类。"射人先射马，擒贼先擒王"这句成语，是迂回式买卖的要点，如果你不能迂回地找到这个人物进行交涉，即使你很认真地全力以赴，也并不一定成功。

4. 迂回式交易和私人交往

迂回式交易其中非正式交往的因素影响很大。这种交往是以私人交往为基础的彼此真诚相待的关系。迂回不是欺骗，建立买卖双方关系不是一种虚伪的假象，而是为了双方的利益进行的一种更为和谐、温和的交易方式。如果没有这种关系，人就无法亲近。如果不亲近，就无法得到最新信息，也无法得到帮助。为了更亲近，彼此之间应抛弃成见，真正建立一种知心的相互关系，这种关系有时好似兄弟、姐妹之情，还有忘年交。

5. 理智与非理智在迂回交易中

将商业谈判设在非正式场合，使场中气氛融洽，从而增进友谊，同时又可捕捉对方内心真实的动向，这在生意场上是很重要的。但更为重要的是要认清正式与非正式之间的关系，探求它们的连结点。因为有时理智决定的事，却会因为个人感情用事，而被心中的真心话所否决，这是经常的情形。反之，也会以理智来推翻非理智的内心活动，因而如何通过交往过程来发现理智在对方心目中的地位是很重要的，这样的迂回观察对于推销员的讨价还价很有帮助。当对方不理智时，可以采取以下几种方法进行调整，比如，晓以大理，告诉对方他在生意中的利益之处；或与别的客户作对比，让对方产生赢得生意的优势感。

6. 从推销自己开始

迂回式交易最关键的就是要双方彼此了解。在推销商品前先推销自己，即让对方了解，也使对方对你产生信任感，这样他才会转向交易中。迂回式交易也是同样道理。推销自己并不是靠夸大其词的言语来哗众取宠，也不是靠屈膝的奴才相求得对方的怜惜，而是要用行为和服务等实际行动来体现作为一名推销员的人格，使对方接受。

7. 通过广泛接触来赢得成功

迂回式买卖是一种技巧性很强的经营手段。它不是简单的技巧问题，是一种主动、积极的经常接触。一名优秀的推销员，他会在"用脑"的同时，制造机会赢得客户，以使推销成功。

当然机会不是在等待中产生的，只有自己去创造。接触次数的多少也决定着时机，就像定期给予对方方便那样，时机有时就隐藏在这背后。在这当中可以让对方知道自己的诚意，加深相互接触的亲密感，了解对方的内心世界，探知他的真正用意。有了时机再加之平时优良的素质，就可以主宰商场风云。

8. 要善于缓解纠纷

纠纷在交易场上也有它的"身影"。由于各自所处立场不同，对价值意识的认识也不同，可能会出现彼此互不支持的局面。对于推销员来说，谈判中僵持的情绪会忽然降在他头上。所以这时的"迂回式"就是将对立纠纷缓和下来，而诱导对方坐上谈判桌，获得对方同意及协助，以事达到目的。

9. 为对方的面子着想

人历来很注重面子，在商场中也是如此，要考虑到各自的面子，自己不能失去尊严，对别人也不能横加羞辱。要了解其立场及心情，谨慎地应付，切不可使丢脸的事情发生。迂回式就是为了保全对方面子，使交易完成。

10. 成功有时来自真诚的对话

对话不仅包括双方的问答，而且包括互相倾听。由倾听而产生共鸣，寻找到共同点，这就是商业洽谈的基础。

11. 迂回式交易中的照顾现象

迂回式交易中的照顾，包括事前照顾与事后照顾。

12. 使协议者参与议价谈判

在交易场上，能够面对面参加谈判的人毕竟有限。在这种情况下，迂回式交易的目的就是要使协议者间接地参加交易谈判，这样可以改变与对方所造成的感情的不融洽。对此，有经验的谈判者总是寻找某种借口、某种机会，与对方周围的人进行交谈应对，能让他们有一种参与意识，让他们产生信任感，这样对于帮助自己更广泛地了解对方、说服对方有很大的作用。

13. 事先充分准备是迂回式交易的条件

充分准备是为了更好地采取行动，事前准备得是否细致充分，对竞争日益激烈的商界来说至关重要。迂回式买卖事先准备工作已成为一种技巧。应广泛地了解客户，利用各种商业策略去接触对方，这样在商业场中才会立于不败之地。

第七章

禁踩感观"雷区"，这些话永远不要说

推销员虽然历经重重困难，和目标客户见了面，并获得了一对一的沟通机会，但是在这个时候，也不要得意忘形，必须记得有些话是不能说的，否则，前功尽弃就成了必然的结果。

话不生硬也不夸张

说话生硬带有质问语气这是许多推销员的通病，尤其是业务新人，有时讲话不经过大脑，脱口而出伤了别人，自己还不觉得。常见的例子，见了客户第一句话便说，"你家这楼真难爬！""这件衣服不好看，一点都不适合你。""这个茶真难喝。"再不就是"你这张名片真老土！"这些脱口而出的话语里包含批评，虽然有可能是无心批评指责，只是想打一个圆场或有一个自我介绍，在客户听起来，感觉就不太舒服了。

人们常说"好话一句做牛做马都愿意"。也就是说，人人都希望得到对方的肯定，人人都喜欢听好话。不然，怎么会有"赞美与鼓励让傻瓜变天才，批评与抱怨让天才变白痴"这一句话呢，在这个世界上，又有谁愿意受人批评？推销员从事推销，每天都是与人打交道，赞美性话语应多说，但也要注意适量，否则，让人有种虚伪造作、缺乏真诚之感。要知道，不卑不亢自然表达，更能获取人心，让人信服。

推销过程中，你也许会很担心准客户听不懂你所说的一切，而不断地以担心对方不理解你的意思质问对方："难道不是吗？""你个问题你应该明白吧？"……诸如此类，这种一副居高临下的派头，会让客户心生不满。这种方式让客户感觉不到起码的尊重，逆反心理也会顺之产生，可以说是销售中的一大忌。

如果你实在担心准客户在你很详细的讲解中，还不太明白，你可以用试探的口吻了解对方，"有没有需要我再详细说明的地方？"说不定，客户真的不明白时，他也会主动地对你说，或是要求你再说明。

位于伦敦市中心的卡文·比优森的公司办公室门口，挂了一个粗体字的大招牌，上面写着："比起空口承诺而不去实行，我宁可实行而不轻易承诺。"

卡文原来是一位不动产经纪人，现在则是一位专门教授推销实务的讲师。他认为每一个人都不能对其他任何人开空头支票，这是他的人生哲学，而且他也信守这个原则。

我们是否经常听到客户在电话里大声抱怨我们在某方面有所耽搁或是我们空口说大话呢？下面是一个原本好好的推销，却因为空口说大话又没有兑现而失败的例子。

有一回，一个拉保险的业务员和客户约了时间碰面。到了那一天，他才发现自己当天和太多人有约。回头一想，这位顾客不就只是众多顾客中的一位顾客而已吗？所以他索性失约了。

几个星期之后，另一个业务员带回了一百万美元的保单。公司销售部门的经理为他卓越的表现向他道喜，当这位业务员在年度会议上接受表扬时，他将这笔生意成交的经过娓娓道来。

那个失约的业务员也参加了这次会议。当这名业务员说到他客户的名字时，那个先前失约的业务员大吃一惊。原来那个客户正是几个月前他失约的那个客户。

数以万计的推销员之所以没有作成买卖的原因之一在于他们对别人开了空头支票。身为推销员，不该低估工作疏忽人所可能带来的结果。因为有可能为此付出极大的代价。

对销售汽车的业务员而言，他们不该向客户夸大向他们买车会送一些本来就没有包含在整个交易中的附件，或是吹嘘车子有哪些附加的，但实际上不存在的特性等。

此外，如果他们无法确定交车的日期，也不该随便讲个时间。在很多行业里，有许多的客户因为推销员没有信守承诺而恼怒、生气或失望，他们也有可能因此而拒绝成交或要求退费。所以，除非你能守约，否则，不要轻易承诺任何事。

当你允诺客户某件事时，要养成习惯，把它记在自己的笔记本中。在你交货之前不要忘了再看一次你所记下的笔记。我们都只是一般人，不像电脑能立刻记起所有的事情。

不要谈论敏感话题

一些新人，涉及推销行业时间不长，经验不足，在与客户的交往过程中，难免无法有主控客户话题的能力，往往是跟随客户一起去议论一些难以掌控的主观性议题，最后说了些空穴来风的话语，意见便产生分歧。有的人尽管在某些问题上争得面红脖子粗，而取得 "占上风" 的优势，但争完之后，一笔业务就这么告吹，想想对这种主观性的议题争论，有何意义？

然而，有经验的老推销员，在处理这类主观性的议题中首先会随着客户的观点，一起展开一些议论，但争论中适时立马将话题引向推销的产品上来。总之，与销售无关的东西，应全部放下，特别是主观性的议题，作为推销人员应尽量杜绝，最好是做到闭口不谈，这样做对你的销售会大有好处的。

推销员应该禁谈隐私。推销员也许性格外向，口才很好，但绝不能八卦，更不可触及客户的隐私。

推销员无论如何也要抑制住自己的好奇心，除非你和客户已经是莫逆之交，否则就算是交情特别深，有些问题也最好不要提。

除此之外，还有一些事情是推销员不应该打听的。比如一个女人的年龄或者一个男人的收入。如果客户有身体残疾或精神缺陷，推销员更应该时刻管好自己的嘴，客户自己有问题，他自己比谁都清楚，用不着你去提醒，更用不着你去同情，即便你看出来了，也不要提及此事。最后，如果客户有难言的事，切不可追问不放，最好是转移话题。

还有，推销员要尽量避免卷入政治性的话题。有些推销员为了引起话题，常常就时下一些国际国内新闻发表看法，希望引起对方注意，但是如果对客户的身份没有把握就尽量不要提及。

生意场就是生意场，做生意就是做生意，不要在生意场上谈政治，因为经济本身就是最大的政治。和政治立场不同的人谈话，要抱着求同存异的心态进行接触，没必要把自己的理论用来说服对方。

对于宗教，政治问题，推销员不要发表个人观点。即使你有不同看法，在这些领域很难站在安全的位置上，因此最好完全回避。

如果遇上了敏感问题尽快转移，如果客户主动提起，除了不发表个人意见外，还要想办法把客户的思路引入正题。无论怎么样，你都可以不置可否和含糊其词。

不说针锋相对的话

推销员往往会因为一个与推销商品毫无关系的问题而陷入争吵，其结果不是收获得甚少，就是毁掉一切。推销员不必也不可能处理所有的客户异议，因为有一些异议并不是成交的直接障碍。如果客户有偏见或思想古怪，推销员的任务并不是去改造他，你只需注意客户对商品的意见就足够了，要尽量回避没有多大价值的枝节问题，以节省面谈时间，提高推销效率，减少不必要的麻烦。

我们可以经常看到这样的场面，同行里的推销员带有攻击性色彩的话语，攻击竞争对手，甚至有的人把对方说得一钱不值，致使整个行业形象在别人心目中很不理想。我们多数的推销员在说出这些攻击性话题时，缺乏理性思考,殊不知,攻击词句会造成准客户的反感,因为你说的时候是站在一个角度看问题,不见得每一个人都是与你站在同一个角度,你表现得太过于主观,反而对你的销售有害无益。

一个有经验的推销员是不会和他的客户或潜在客户争论的。如果推销员在推销的过程中和可能购买自己推销的产品客户发生争论,那么,这种行为绝对犯了大错。

争论可以用口头语言和肢体语言表现出来。口头语言的表达可能是因为下列说法引起的:你说这个产品没有品质可言是什么意思?你对我们的产品有多少了解?我想你可能买不起这个产品!

这类说法可以列成一大张单子。口头发生争论的情况下,人们通常还会提高音量而且用词尖锐。至于肢体语言,通常表现在推销员摇头或凝视远方等情况,完全忽略对方的存在;另外一种肢体语言的争吵方式是推销员和客户都将两手交叉放在臂上互看着对方。最失败的争论方式是这两种方式的组合。这种组合不但会引起更多的怒气并且愚不可及。

在这个世界上的确有一些客户会使你的推销过程痛苦不堪,但是又有谁说过推销工作是件容易的事呢?

无论你的客户如何威胁你或是不讲理,除了争论之外一定还有其他的方式可以解决彼此之间的分歧。总而言之,绝对不要和你的客户争论。

请记住,只要一件小事即可能令购买你产品的客户不悦,而你又必须费很大的工夫才能使他感到满意。当他想要购买你的产品时,基本上他是很敏感的,身为推销人员的你,切记不要冒犯你的客户。客户永远都是对的!

当你感觉你的客户变得很敏感时,你要小心地处理他的情绪。当你询问客户问题或陈述一件事情时,态度要柔和谦卑。在你推销自己的产品时,不妨运用下面这些话语来缓和当时的气氛。例如:这位先生,我这么说绝不是要讽刺您……这位先生,我懂您的感受……这位先生,谢谢您指出我们产品的缺点……

记住千万不要和你的客户争辩，因为那是不划算的。想一想这个道理吧！尽管你争赢了你的客户，但他已经拂袖而去了。这时候又是谁输了呢？

不要披着幽默的外衣乱讲

很多时候，不合时宜的玩笑话会成为销售中的坑。错误地使用幽默总是以为客户会听懂和认同，能达到点燃爆点的推销效果，但结果却是引来更多的不解。以下有几点销售中的幽默禁区：

1. 玩笑话中不要污言秽语

推销员为了与人相处融洽，通常应包容别人和自己的不同之处，因此也需要容忍别人的坏习惯，比如客户习惯性的污言秽语。但推销员本身绝不能使用污言秽语，特别在推销时开玩笑要尤其注意这一点。

如果你的客户是个满口脏话的人，你该怎么办呢？首先推销员要具有容人之心，因为客户的性格、教育程度、人生经历的不同，客户的表达方式各异，不值得为怪，在容忍的同时，推销员要做到出污染而不染，始终温文尔雅。

严于律己，时刻警醒自己要做一个文明的人，对于客户的语言习惯，不指责，不反驳，不附和，择其要点而听之。如果遇到客户恶言相向，也应以礼相待，以礼相争。推销员应该以高素养要求自己。

2. 不要信口开河

有这样的推销员，他们不了解幽默的性质，以为玩笑话可以放开了说，便信口雌黄，说起话来没边没谱。他们并非因为滔滔不绝而惹人生厌，却因为胡乱讲话，胡乱许诺，渐渐把个人的诚信度丧失掉，最后使自己成为一个不可信的人。比如一个卖按摩椅的推销员，明明他的产品只对某些疾病有用，可他非要说包治百病；明明产品只有预防疾病的功能，他偏要说成有根治疾病的功能。

"蚊虫遭扇打，只为嘴伤人"，不计后果地信口开河，同时是人际交往之大忌。因为无论一个人的出身、地位、权势、风度多么骄人，也都有不能与人言及、不容冒犯的角落，当你有意无意地触碰到这些角落时，会遭人厌恶。特别是在职场上信口开河更是大忌，不仅暴露了自己的肤浅，也让人一眼看穿其心意。对客户信口开河的结果，最终让客户丧失他对你的信任，当然，生意上的合作也没有你的份了。

要做一个守信的人，首先就不要胡乱承诺，免得超出自己的能力而做不到，反而丧失了诚信。其次，答应别人的事一定要记得，如果记不住就用笔，切勿因为疏忽而失信于人。"知之为知之，不知为不知"，对于不熟悉的请谦虚向他人请教，切勿信口开河。总之，推销员在说话之前要先想想，莫因语失得罪人。

3. 切勿与人唇枪舌剑

交谈中，双方往往为了步调一致，会对同一个话题发表各自看法，若一个人再以幽默的方式调侃对方，另一个人也会这样做。推销员为了证明自己能言善辩，将客户的质问一一反驳，并以彼之道还治彼身，会得到什么？尊敬？佩服？错了，客户才不会由此而尊敬你呢，他们反倒会觉得这个推销员面目可憎。所以，有经验的推销员绝不会把客户逼入无话可说的境地，因为与客户争论本身就是无益的。

如果你承认客户永远是对的，请不要因为一场争吵使他否定你的产品好吗？客户一点的不悦都会让你花很大代价填平的。

4. 少画蛇添足

蛇是没有足的，但有些推销员却总做画蛇添足的事性。当销售员认为自己的笑话已经引起客户不小的反应，往往会顺着讲下去，多出不少解释说明。这样就不会让人有惊喜之感了，并感到厌倦。

另外，推销员喋喋不休的同时，也可能不经意地泄露产品、公司或他个人的某些缺点。事实证明，在这种情形下，不乏客户取消订单的例子。

想想前车之鉴，牢记"言多必失"的规律。在生意成交后，最好只对客户说："请问您还有什么问题吗？"如果有问题，你就仔细聆听，否则表示感谢，自己离开，或等待客人离开。

闭上嘴——我不是主角

在不少销售人员的脑海中都有这样的印象，推销就是说，既然是说，那就口若悬河、滔滔不绝，不说得客户成交不罢休。

也有些推销员担心自己不说客户会转移注意力，打消购买的打算，因此总是一个人唱独角戏，眉飞色舞，说个不停，却丝毫不注意客户厌烦的神色，也不知道让自己的嘴休息一下。

小王就是这样一个人。她在做服装导购时，总是试图灌输给客户更多的产品知识，一看到客户就喋喋不休地介绍产品。结果适得其反，没有一个推销成功。因为她不了解客户是否有购买欲望，只是抱着宁肯错过一千，也不放过一个的心理撞运气而已。可想而知，这种方式客户躲避都来不及怎能谈得上成交！

推销不是口若悬河，让客户没有说话的余地。如果一开口就大谈特谈产品，会令对方不得要领。这样对方对你的印象就会大打折扣。即便信息传递到对方那里，他们也不会选择。因为这种方式没有给对方一个思考的余地。

语言的精髓，在精而不在多。

墨子的一个学生曾问他："老师，一个人说多了话有没有好处？"墨子回答说："话说多了有什么用呢？比如池塘里的青蛙整天地叫，弄得口干舌燥，却从来没有人听。但是雄鸡只在天亮时叫两三声，大家听到鸡啼知道天就要亮了，都注意它。所以话要说在有用的地方。"推销员在关键时刻应该闭上说个不停的嘴。这不仅是对客户的尊重，也是推销的一种技巧和艺术的表现。

另外，从人的心理来看，每个人都喜欢谈话的时候你来我往的形式，心里才有彼此平衡的感觉。如果你一个人在那儿滔滔不绝，就会让客户感觉你根本不尊重他。再加上客户都不会把最大的需求明白无误地告诉推销员，如果自说自话，怎能发现客户的需求？因此，要适当闭上自己的嘴，仔细听客户讲话。

客户才是主角，自己只是配角。只有让客户说才能听出客户的需求。至于当客户遇到一些意外事件时，需要找个人倾诉一下的时候，推销员更要做个忠实的听众，考虑到客户的感受，不能自顾自说地推销。

日本推销大师原一平在他的疯狂推销术中曾提出"关键时刻要闭嘴"的问题。

原一平曾经接待了一位女士。这位女士的先生因为意外刚刚去世，她情绪低落。此时，原一平自始至终都在扮演倾听者的角色，中间只是偶尔安慰她几句，更多的时候都在沉默，用这种方式表示对这个不幸的女士的同情和尊重。

最后，这位女士停止了讲述，原一平建议她为孩子们购买一些保险，目的是打消以后的担忧。即使她以后没有固定收入，孩子的教育和未来也不至于无以为继。结果，女士接受了他的建议，为孩子每人买了一份储蓄保险。

从这件事中，原一平悟出了原来当听众也是可以达到推销的目的的。后来他在公司的营销会议上对同事说："我从来都没有想到过，沉默的作用会是如此之大。"

可见，懂得在关键时刻让自己闭嘴，这对于身处特殊情境下的销售人员来说，的确是一种智慧。

孔子说："智者不失人，亦不失言。"一场成功的推销会像一个演员的表演一样，声音太小，不敢在顾客面前说话固然卖不掉自己的产品，但是声音太大，说话太多也会把人吓跑。会让客户产生厌烦情绪，甚至那些本来有成交欲望的客户也会因此告吹。因此，聪明的推销员千万不要在客户面前失言，导致客户的不悦和反感，让生意泡汤。

总之，推销时知道什么该说，什么不该说，什么时候说，这是应该具备的最基本的语言推销常识，也是受到客户欢迎的一种聪明的选择。等客户产生好感了，对你持欢迎的态度后再慢慢进入主题，向他们详细介绍产品，这笔生意就很可能会成功。

闭上嘴——无声胜有声

作为一名优秀的推销员，应该在 3 至 5 分钟内使一个原本的客户建立一见如故的亲和力。交易双方只有在十分融洽的环境中，才会不轻易否定对方，从而让交易成功。推销不是口若悬河，让客户没有说话的余地。为此，推销员在关键时刻应该闭上说个不停的嘴，在与客户建立亲和力后，做一个倾听者。

有一位卖车的推销员，经朋友介绍去拜访一位曾经买过他们公司车子的商人。一见面，他照例选递上名片："我是 ×× 汽车公司的推销员，我姓……"才说了几个字，就被客户以十分严厉的口吻打断，并开始向他抱怨当初买车时种种不悦的过程，其中包含了报价不实、内装及配备不对、交车等待过久、服务态度不佳……讲了一大堆。结果这位新推销员被吓得一句话也不敢吭声，只是静静地在一旁等待。

终于等到这位商人把以前所有的怨气一股脑儿地吐光后，稍微喘息了下，才发现这个推销员好像以前没有见过，于是便有一点不好意思地回过头来对他说："年轻人，你贵姓呀，现在有没有好一点的车种，拿份目录来看看吧！" 30 分钟过后，这个推销员欢天喜地地吹着口哨离开，因为他手上已有了两台车子的订单。

在这个成交的案例中，这个推销员从头到尾恐怕还没有讲到 10 句话，但却成功地完成了交易。原因就在于客户说："我是看你老实、有诚意，又很尊重我，才向你买车的。"

所以，适时休息你的嘴，多听客户的话，无形中会让客户得到满足和尊重，而你也会因此而获益。

日本推销大师原一平，当他问及别的推销员时少说时，得到的却是五花八门的答案：

不知道什么时候该闭嘴；

担心客户会转移注意力，或是怕客户打消购买的打算；

因为急于让客户购买，所以不敢闭嘴。

对于推销员来说，懂得在关键时刻让自己闭嘴，是一种智慧。当你提不出建设性意见时，最好闭嘴。这对于身处特殊情境下的销售人员来说，是一种聪明的选择。

许多推销员总是在客户面前眉飞色舞，说个不停，却丝毫不注意客户厌烦的神色。他们也从来不顾是什么场合，什么氛围，总是努力地向客户讲个不停。

知道什么该说，什么不该说，什么时候说，什么时候不说，这是销售人员应该具备的最基本的推销常识。有时你需要向客户展示自己风趣幽默的表达能力，有时你却需要沉默不语，倾听客户的意见，让他自己做出选择。

沉默是你遇到特殊客户时最应该采取的方法，有很多推销员，担心客户突然间走掉，只好不断地说话，说了又说，没完没了。这实际上是一种语言轰炸，会让客户对你的话产生厌烦情绪，反而更容易失去本来可能成交的客户。

一个不敢在顾客面前说话的推销员卖不掉自己的产品，但是说话太多的推销员也会让顾客害怕。

孔子说："智者不失人，亦不失言。"聪明的推销员，应该好好体会这句话，千万不要在客户面前失言。一场成功的推销就像一个好的电视节目，有美妙的画面，还有悦耳的音响。音量太小不行，音量太大，也会把人吓跑。所以，在顾客面前，需要你沉默的时候，就不要说话，不妨让自己安静下来，思考一下客户到底在想什么。

如果你不能自如地掌握说什么与何时说之间的正确尺度，那么就请记住推销员的闭嘴法则：

任何时候，都不要排斥和打断客户的说话，这是一种愚蠢的行为；

如果你不知道说什么，那就让自己真诚地倾听；

自己不懂的问题，不要假装内行，闭嘴才是最佳选择。

20世纪最伟大的科学家爱因斯坦，有人问他成功的秘诀是什么。爱因斯坦回答："成功就是X加Y再加Z。X是工作，Y是开心，而Z则是闭嘴！"这是大师留下的至理名言，造物主为什么给予我们两只耳朵和一张嘴？就是让我们多听少说，该闭嘴时就闭嘴。

"实话大可不必实说"

所谓推销就是为了达到让客户购买的目的。不可否认，为了达到此目的，推销员在推销商品时会不惜运用夸张、比喻等修辞手段极力宣传商品的功用、性能与特点，以增强产品的诱惑力。这样就难免会包括一些必要的假话。那么，这样算不算欺骗客户呢？为什么对客户不能实话实说呢？

实话实说本身没有错，而且也是做人正直的根本，但这并不意味着在所有时候，不分场合都可以口无遮拦，一律直言。比如，很多推销员在拜访客户时第一句话就是"你家的楼真难爬"。这些的确是实话，可是在客户听起来感觉就不舒服。客户会想，我没有你的条件好，我也没有请你来爬，那么走人吧。这样的话生意岂不告吹？

生活本身就是艺术，既然是艺术，就要用艺术的方式来对待，不能不注意方式，说话太直白。

对此，古希腊哲学家柏拉图和弟子们曾有过这样一段对话：

柏拉图：你们认为说真话好，还是说假话好？

弟子：那当然是说真话好。

柏拉图：如果敌人来探听我们的情况，这时候，你是对他说真话还是说假话呢？

弟子：那当然只能说假话，蒙骗他，不能把真实情况告诉他。

柏拉图：小孩子生病，不肯吃药，如果你当面说谎，说这药是甜的，不懂事的孩子信以为真，就吃了药，病也就好了。你们以为这里说的谎话是好，还是坏？

弟子：为治好孩子的病，说谎话哄骗孩子，是必要的，是好的。

每个人都希望得到对方的肯定，每个人都喜欢听好听的话。因此，即便是实话也要包装一下，否则，直言直语客户不好接受，不是使人抵触反感，就是使人顾虑重重，增加心理压力。

推销即便不是面对竞争对手，或者病入膏肓的客户，但是也需要适当运用一些广告推销语来吸引顾客。因为实话实说并不会得到客户的欢迎。

比如，你做汽车销售员，有位客户开着一辆旧车前来买车。如果你开口就说："您这辆车子太破了，太旧了，跟您的身份不符……""您这破车三天两头就要修理，修理费用得多少啊"等一类的话，客户听了心里肯定不痛快，本来想购车的打算也会取消。

而如果是推销高手呢，他会这样对车主说："您的车子已经行驶 12 万英里居然还没有大修过，看来您开车的技术真是高明，对车的爱惜和保养也很有独到之处啊！像你这样爱车的人，我们最乐意和你交往。"推销员的话虽然含有车子太旧的意思，但却是在夸赞这位车手的。可想而知，只要有需要，这位车主肯定会购买该推销员的汽车。

全球最大的网上书店亚马逊公司的总裁叫杰夫·贝索斯。在贝索斯 10 岁那年，他随祖父母外出旅游。旅游途中，贝索斯看到一条反对吸烟的广告上说：吸烟者每吸一支烟，他的寿命便缩短两分钟。正好贝索斯的祖母也吸烟，而且有着 30 年的烟龄。于是，贝索斯便自作聪明地开始计算祖母吸烟的次数：祖母平均一天要抽一包半的烟，一包烟缩短……结果，贝索斯就散出祖母的寿命已经因吸烟而缩短了 400 多天！当贝索斯得意地把这个结果告诉祖母时，祖母伤心地放声大哭起来。

祖父见状，便把贝索斯叫下车，然后拍着他的肩膀说："孩子，总有一天你会明白，仁爱比聪明更难做到。"祖父的这句话虽短，却令贝索斯终生难忘。从那以后，他一直都按照祖父的教诲做人。

有些实话，我们并不需要实说。如果你是一名汽车推销员，当客户问你他那辆旧车可以折合多少钱时，你心里想的也许是："这种破车还能值几个钱？"这可能是大实话，那辆车也许确确实实就是一辆不值钱的破车，它的轮胎也许已经磨损得不像样了，它烧起汽油也许比柴油引擎还要多，车里的气味也许很难闻……总而言之，它就是一辆破车。

但这种大实话你不能说。因为这是客户的车，他可能很爱这辆汽车，毕竟他开了这么多年，多少总会有点感情。即使他不喜欢这辆车，也只有他才有资格来批评这辆破车。如果你先开口说这辆汽车如何如何的糟糕，无疑是在贬低汽车的主人，不知不觉中已经伤害了他的自尊心。打狗都要看主人，想想这些，你还敢批评客户用过的东西吗？

赵先生的车已经用了 7 年了，最近有不少推销员向他推销各式车子，他们总是说："您的车太破了，开这样的破车很容易出车祸的……"或者说："您这破车三天两头就得修理，修理费太多了……"张先生却执意不买。

一天，一位中年推销员向张先生推销，他说："您的车还可以再用几年，换了新车太可惜。不过，一辆车能够行驶 3 万公里，您开车的技术的确高人一筹。"这句话使张先生觉得很开心，他即刻买下了一辆新车。

有时，客户会自己说自己的东西不好，比如说："我这辆车太破，想买辆新车。"这时你也不能跟着附和："你这车确实够破了，早该换辆新车。"特别是在谈及孩子时，当客户说他的孩子太淘气时，你要是顺着他的话说："是够淘气的。"那你就休想客户买你的商品，你可以说："聪明的孩子都淘气。"

虽然人人都有长处，但也有短处，可是一般人都希望别人多谈自己的长处。因此,有人形容说:"商业人员的口才,就像画家手中描绘形象的彩笔。"的确如此,如果是一个善于表达的推销员,即便是普通的商品也能描述得美妙绝伦,唤起顾客的思维想象力。

在高尔基的作品中,两家同样卖神像的店铺推销效果就不一样。

一家小学徒没有什么经验,每天都在声嘶力竭地向着过往的行人介绍说:"我们店铺各种神像都有,请随便看看,价钱贵贱都有,货色地道,颜色深沉,要定做也可以,各种圣父圣母都可以画……"可是尽管价格、品种、颜色等各方面都介绍到了,就是没有人买。相反,另一家店铺门前却人满为患。

这家店铺的老板是这样介绍的:"我们的买卖不比羊皮靴子,我们是替上帝当差,比金根珠宝贵,是无价之宝……"不就是卖各种圣父圣母的画像吗?可是这位老板不是实话实说,却把自己的形象拔高,强调自己"是替上帝当差",人们自然感觉到了他的慎重、理智和神圣。人们感到自己买他们的神像就是买"无价之宝",因此,尽管价格可能会比那一家高,人们掏钱也心甘情愿。

由此可见,不实说、不直说,巧妙地说,确实可以起到不同的效果。

另外,不实话实说也是为了打消客户的戒心。一般说来,人们对陌生人拜访总是充满戒备的,此时也需要有技巧地"撒一下谎"。

推销大师原一平有一次在拜访一位总经理时就使用了这种"不实话实说"的方式。

原一平在电话中说:"总经理您好,我是明治保险公司的原一平,今天冒昧地打电话给您,是因为我听说您正热心研究遗产税的问题,刚好,我对遗产税这个问题有过研究,所以很想跟您探讨探讨。"总经理听到一个陌生的声音脸上充满着惊异。

"我是从贵公司的客户 G 先生那边听来的。"原一平又说道。

"G 先生?"总经理似乎在想 G 先生是哪一位客户。

其实原一平根本不知道 G 先生是不是这家公司的客户,只不过是随口编的。目的是打消客户的顾虑，尽快过渡到借讨论遗产税问题和客户见面的结果。

接下来，原一平说："关于遗产税的问题，我也下了一点功夫，不过还是想约个时间听听您的高见。"既然是熟人介绍，总经理给了个面子，于是原一平蒙混过关，和客户约定了见面的时间。

由此可见，高明的推销员总会把实话裹上一层动人的外衣。通过对顾客潜意识的引导暗示，让他们产生好的印象。

当然，不实话实说并非意味着要弄虚作假，把产品吹得天花乱坠，或者把本来不是内行的自己硬要包装成专业的水平，来欺骗客户。而是要既不影响商品的质量，又可拔高商品的形象。

总之，对于推销员来说，嘴就是一件征服顾客的利器。不论是拜访客户还是说服客户成交，只有语言受到客户欢迎，下一步的销售才有可能。因此，要确保交谈的语言先受客户欢迎。

有八种话题最好别讲

要让说出的话语让客户欢迎，就不能随心所欲，口无遮拦，在表达方式上也应该巧妙一些。以下几种情况是应该避免出现的：

1. 不可谈论容易引起争执的话题

在推销的过程中由于推销员和客户所站的立场角度不同，对产品或者其他问题都会产生不同的看法。因此有些推销员试图想说服客户同意自己的看法。殊不知，这样一来伤害了对方的感情，客户还会买你的产品吗？

可能推销员会认为自己这样做是要维护本公司的利益，还自己的产品一个清白。不可否认，推销员和客户之间的冲突大部分是因为客户对公司或者对产品的不理解所致。当公司或者产品被贬低时当然要进行辩解，但不要硬生生地把对方给驳回去。可以先肯定他的意见，这样对方心里就会舒服，有了"共同语言"之后，再因势利导，对方就容易认可了。

2. 不要过多议论与推销无关的话题

新手推销员在与客户交往的过程中，为了得到客户的认同，往往会跟随客户一起天南海北闲聊。客户议论此类话题无可非议，推销员这样做就给人留下不敬业的印象。如果因为这些非业务的话题再引起争论，那么不论你说的对与错，对推销产品都没有实质性的意义。一旦推销员取得"上风"，争论完毕后，这笔业务就会告吹。因为客户自尊心受到了损害。

3. 不能毫无顾忌

推销员在介绍产品时，如果不注意客户的忌讳，会让客户无法接受。比如推销保险产品时，由于在每一个保险合同中，都有死亡或者是残疾的专业术语，客户大多忌讳谈到死亡或者残疾等字眼，如果不加顾忌地与顾客这样去讲，肯定招致对方的不快。脾气暴躁的客户甚至不等推销员说完就会把他们赶走。因此，有经验的推销员，往往在处理不雅之言时，都会以委婉的话来表达这些敏感的词语。

有些推销员，遇到与自己年龄相仿的客人，谈话投缘时，往往会忘了自己与身份，说话随随便便。比如："你居然穿这种衣服上街？太土啦！"这样客户的脸上会很难堪。

4. 少用质疑性话语

有些推销员在介绍商品的过程中总是免不了问客户"我说的你听懂了吗？明白了吗？"这些质疑性的话题也是应该尽量避免的。否则，客户会感到把对方把自己当小学生一样看待，他们的逆反心理也会随之产生。因此，如果推销员如果担心客户有不明白之处，可以用试探性的口吻问："我刚才讲的是否还有遗漏的地方？"这样客户会比较容易让人接受。

5."逐客令"说不得

比如：当看到顾客边走边看边摸，或者遇到顾客在询问价格时，有些推销员常常这样问顾客："你买吗？"这种说法的含义是"不买就别动，不买就走开"，明显是不尊重顾客的表现。

另外，在顾客挑选时，有些推销员为了照顾其他顾客，常常会催促他们"劳驾您快点，好吗"或者"你到底要不要"，这种话语的潜台词是顾客就是来捣乱的，会给顾客一种不耐烦的感觉。

在顾客打听产品使用方法时，有些推销员忙着招揽新客户，头也不抬地说"有说明书，自己看！没看我正忙着吗"，这种不负责的态度也会令顾客对他们的印象大打折扣。

6. 不说诋毁同行的话

在推销商品时完全不遇到竞争对手的情况是很少的。有的推销员在客户提及竞争对手的产品时，拼命地为本公司的产品辩护。当客户不"买账"时，则很恼火地大肆毁谤竞争对手的产品。

假如当着客户的面贬低毁谤竞争对手，客户虽然不会当场反驳，但心里却很反感，觉得这个人未免心胸狭隘。虽然有些客户出于好奇听起来会觉得津津有味，但是竞争对手绝不会因此罢休，势必回过头来恶言中伤你。这样一来相互揭短，双方都会变得"臭不可闻"了。因此，这也应该是推销员尽量避免的。

7. 不可打听或者谈论他人的隐私

有些推销员自认为和客户的关系很好，于是什么话都说，不该问的也问。他们没有想到客户和自己所站的立场不一样，考虑问题的角度也不一样。客户和自己关系再好也是利益关系。如果乱打听、乱议论他人的隐私和缺陷，客户就会对推销员失去信任，因为他担心你到其他地方散布他的隐私。

因此，凡对方不愿意让别人知道的事情都应避免问，避免谈，以免对方难堪。

8. 说话避免低级趣味

每个人都不愿意与那些出口"成脏"的人交往，因此，即便有些时候客户口出粗言，或者议论一些低级趣味的话语，推销员也不要参与。因为客户会感到这样的推销员没素质。

说话是门艺术，一句话可以让人笑，也可以让人跳。推销员就要避免出现以上这些不恰当的表达方式，设法说让人笑的话语。只有消除这些语言上的误区，受到客户的喜爱和欢迎，进一步交往才会顺利进行。

综上所言，推销员不知道有语言的顾忌，就会造成推销的失败；不知道语言的好处，就会停滞不前。为此，在与客户谈话时，一定要懂得以上的禁忌，以避免在以后的推销过程中出错。

第八章

完善感观服务，成为无话不谈的朋友

有趣的是，增加客户有一个最简单有效的办法，但是却很少有人做到。那就是你只要将已经停止活动的客户重新启动，马上就可以增加客户的数量。许多推销员都忽略了这个环节。老客户的流失被称之为"损耗"，"损耗"是继续维持与客户买卖关系的反面；损耗就是停止和你生意往来的客户人数。许多推销员，甚至连他们实际的损耗率是多少都不清楚。那么，如何使所有流失的客户重新再和你来往？

用售后服务拉回客户

尽善尽美的售后服务需要推销员对客户的服务要有亲密感，有诚信。不能虚情假意，三天打鱼两天晒网，时间不长，客户全都忘之脑后。

在与客户签完订单之后，推销员应该立即寄一张感谢卡给你的客户。现在市场上有许多种类型的感谢卡可供使用，花点小钱作为投资，你将有十倍百倍的回报。你可以在他生日的时候寄张生日卡，当客户真诚地告诉你，他们很感谢你所寄的卡片时，想想看，此时你会是怎样的心情。

你推销商品给客户，是客户为你提供了收入。但是"君子爱财，取之有道。"推销员销售额的大小是体现在通过与客户成交量的多少来实现的。从某种意义上讲，你是在创建、培养一个属于自己的市场。如果你采用诚心的态度与手法去和客户沟通，你很快会培养出一个庞大的客户群，并且这个客户群忠诚度相当高。

诚信的态度讲穿了就是将心比心，只有取得客户的信任，客户才能甘心情愿地接受你的推销，并且还会将你介绍给他的亲戚、朋友、同事等。而此事，你的推销成本，甚至你所投入的成本都会大大地降低。

当你用长期优质的服务态度将客户紧紧包围时，就等于让你的竞争对手永远也别想踏进你客户的大门。

然而，要做售后服务也不是能轻易实现，对没有留住的客户也要积极争取机会。你所要做的就是真诚且谦虚地和他们接触。例如和他们约时间去公司或家里拜访，还有打电话给他们或写信给他们。

你在进行沟通时，必须表示出你是在真正地关心他们的福利。你要真诚地询问他们："是不是有哪些不对的地方？"在客户回答之前，还可加一句："我是不是做错了什么？我有让你不舒服的地方吗？如果我有，保证绝对不是故意的。您的一切都好吗？"你的谈话焦点应放在他们及他们的利益身上。

这个步骤听来简单，但在找回失去联络的客户身上却似乎具有魔力。你在争取他们回头时，必须待之以诚，否则会没有结果。

推销员要明白，赢得终身客户并不是靠一次重大的行动，要想建立永久的合作关系，你决不能对各种服务掉以轻心。做到了这一点，客户就会觉得你是一个可靠的人，一个值得信赖的人。因为你会很快回电话，按照要求送产品资料解决问题等等。

不管你推销的是什么，优质的服务永远是赢得忠诚客户的重要手段。当你提供稳定可靠的售后服务，并与你的客户经常保持联系时，无论产品出现何种问题你都会与客户一起努力去解决。但是，如果你只在出现重大问题时才去通知客户，那你就很难博得他们的好感与获得他们的配合。

在推销乃至签单之后，推销员要永远地记住"服务，服务，服务"。为你的客户提供更多的优质服务，以至于他们对想与别人合作都会感到内疚不已，更不用说真的合作了。成功的推销正是建立在这类服务的基础之上。

作为一名成功的推销员应该时刻记住，我们不是因为图回报而为客户提供服务。给客户提供全方位的售后服务，是推销员应尽的义务。只有怀有这样的态度，我们推销的售后服务才能尽善尽美。

幽默让客户有亲切归属感

作为推销员，特别是那些主动上门的推销员，最难突破的是客户的心防。顾客在考虑是否购买商品之前，往往不假思索地采取疏远态度，甚至拒之门外。而幽默是迅速打开顾客的心灵之门的利器，幽默让顾客在会心一笑后，对你、对商品或服务产生好感，从而诱发购买动机，促成交易的迅速达成。

日本人寿保险业中，有一位大名鼎鼎的推销员，名叫原一平。他天生矮个子，身高只有 1.45 米。他曾经为自己矮小的身材而苦恼，但后来他想通了，认识到遗传基因是难以改变的，克服矮小的最佳办法就是坦然接受，然后设法将这缺点转化成为优点。

有一次，原一平的上司高木金次对他说："体格魁梧的人，看起来相貌堂堂，在访问时较易获得别人的好感；身体矮小的人，在这方面要吃大亏。你我均属身材矮小的人，但我认为以表情取胜很关键。"

原一平从这番话中获得很大启发。从此后，他就以独特的矮身材，配上他经过苦练出来的各种幽默表情和幽默语言，在他向客户介绍情况时，经常逗得大家哈哈大笑，大家会觉得他可爱可亲。如他登门向人家推销人寿保险业务时，经常有以下一些对话：

"您好！我是明治保险的原一平。"

"啊！明治保险公司，你们公司的推销员昨天才来过，我最讨厌保险了，所以他昨天被我拒绝了！"

"是吗？不过，我比昨天那位同事英俊潇洒吧！"原一平一脸正经地说。

"什么？昨天那个仁兄长得瘦瘦高高的，哈哈，比你好看多了。"

"矮个子没坏人，再说辣椒是愈小愈辣哟！"

"哈哈！你这个人真有意思。"

就这样，原一平与每一个顾客交谈后，双方的隔阂就消失了，他给人留下了深刻印象，生意往往就在这样和谐的氛围中不知不觉做成了。

美国俄亥俄州著名的演说家海耶斯，开始工作时是一位对业务全然生疏、慌里慌张的实习推销员。

一次，一位经验丰富的老推销员带他去推销收银机。这位前辈看起来身材矮小，圆圆胖胖、红通通的脸，可是言谈举止间洋溢着一种幽默的活力。

他们来到一家小商店时，老板向他们喊道："我们对收银机没兴趣！"这时那位老推销员就靠在柜台上，咯咯咯地笑了起来，好像刚听到一个世界上最好笑的故事一样。店老板莫名其妙地瞪着他。

笑了一会儿，老推销员直起身子，微笑着道歉说："我忍不住要笑，您让我想起另一家商店的老板，他也说过对这个没兴趣，可是后来他成了我们最好的主顾之一。"

随后这位老推销员继续津津有味地介绍他推销的商品。每当老板表示对这个没兴趣，他就把头埋在臂弯里，咯咯咯地笑起来。然后他再抬起头，又说一个故事，同样是说某人在表示不感兴趣之后，买了一台新的收银机。

当时周围不少人都在围观。海耶斯感到窘极了，恨不得掉头就跑，他想："大家肯定会以为我们是一对傻瓜，而把我们赶出去。"可是那位老前辈继续咯咯笑，把头埋在臂弯里，然后抬起头来，把店老板的每一声拒绝都转变为他对往事的幽默回想。

令人惊奇不已的是，不一会儿那位店老板居然同意购买一台，于是两人搬进一台崭新的收银机，并向老板详细介绍了收银机的用法和修理方法。

这次推销经历对海耶斯产生了神奇的影响。直到今天，他还这样说："我好像依稀看见那副圆胖的身材，微笑的脸庞，还听见那亲切的、意义深远的咯咯笑声。这个记忆带我度过无数次棘手的场合，并提醒我充分发挥幽默的作用去工作。"

离别时候说声"谢谢"

有些时候，即便你施展了十八般武艺，可是客户就是不买账，就是不买你的产品怎么办？有些推销员也许表面微笑，内心早就咒骂开了。其实不管客户买不买你的产品，都应该说声"谢谢"，原因很简单，客户虽然没有购买意愿，但给你展示和推销的时间，难道不应该表达谢意吗？

"谢谢"虽然只是两个简单的字，却展示了你的礼貌与教养，同时还能帮你赢得忠诚客户。"谢谢"这两个字有多大作用？一位著名营销专家说："一句没有被促销信息污染的'谢谢'，能够让你的业绩增长25%。"

在和客户达成交易后，更要表示对客户的谢意，比如说："谢谢你，王先生，你真是一个通情达理的人，如果有什么问题随时联系我们。"也可以通过小礼物来表达，但是要注意礼物只是代表一种心意，不需要太贵重，比如一束花，一套餐具等。

在推销的过程中，推销员要懂得感恩，在成交之后一般在交货后的两至三天内，向客户说声"谢谢"。也可以采用电话、书信或亲自登门向客户表示谢意。之所以如此是基于：

第一，接到客户的订单而表示感谢，这是商场上的一种礼貌。

第二，与客户沟通感情，建立关系。

推销员与客户之间的关系是慢慢建立起来的。俗话说"亲戚越走越亲"，说的就是双方的感情关系是随着时间的流逝和合作次数的增加而变深的。推销员和客户接触越多，彼此关系就越亲密。

第三，说声"谢谢"减少了客户买了以后后悔的感觉。一般人在买东西后，常有后悔的心态。但是，当客户接到推销员的感谢以后，这种感觉会立即消失。

人与人之间的纽带永远是感情，一声"谢谢"传达的关怀是无限的，不仅可以加深推销员与客户之间的感情，而且也为推销员事业成功的"助推剂"。

提前防范，留住客户

无论商品的质量有多好，如果没有良好的售后服务，客户不会有真正的满足感。甚至在售后服务方面的小小瑕疵，也会引起客户的不满，直至丧失产品的生命——信誉。这绝不是危言耸听。

所以，为了留住客户，让更多的客户成为你的"回头客"，推销员必须要懂得未雨绸缪、防患未然。

1. 打问候电话保持联络

你可能和很多成功人士一样，有很多朋友分布在不同地方，即使你已经多年没有见到他们，但你还是把他们当作朋友，因为随着时光荏苒，他们始终没有忘记给你打问候电话。事实上，很多推销员也的确做到了这一点，他们一直以这种保持联络的方式和客户维系关系。

打电话的方式不用花费太多资金，就能以非常快速的方式建立、维系你和客户之间亲切关系，同时也可以提升公司的形象。

有许多特殊的节日，比如客户的生日、春节等，都是打电话问候的好时机。如果你要与客户建立关系，可以运用的时机除了生日及春节外，还包括中秋节、情人节、母亲节、父亲节、结婚周年纪念日或是任何对客户有特殊意义的节日。

为了确认执行这个点子，你可以在墙上挂张行事历，标示出所有特殊的日子或节庆，并且写清楚哪位客户是因为哪个理由而要打电话，这种方式可以提醒自己不会忘记在重要时刻前与之对话。还有一种更简单的方法，你可以利用电脑来提醒你，也就是事先将客户的资料档案输入电脑中，然后每周或是每隔几天将应该寄出的名单列出，这也是一种提醒自己的好方法。

2. 向客户提供服务保证

向客户提供可靠的服务质量是使现有客户和未来客户对推销员产生信心

的关键。只有对自己的服务充满自信的推销员才会为客户提供质量保证。为实现服务的质量保证，推销员应该做到以下两点：

（1）制订和保持一个对客户做出承诺的质量方针和质量目标，建立并实施质量保证体系。

（2）完善售后服务系统，实现服务承诺制度，执行"三包"和"三保"规定，对质量保险制，认真予以兑现。

3. 提供个性化服务

针对特定的客户群体或个体，设计出适合于其特点的产品或服务，使产品或服务体现个性化，并尽可能达到更完善的个性化的服务。这种个性化的服务会使客户感到友善亲切，关怀备至，从而对客户产生更大的吸引力。

4. 建立伙伴关系

推销员和客户的合作关系是相互帮助、长期互相依存的朋友关系，推销员要时刻记住自己的客户，为客户的利益着想，并为他们提供长期的服务。巩固和发展中的合作伙伴关系，是用金钱买不到的，这是推销员的宝贵财富。

处理客户抱怨的原则

世界一流的销售训练师汤姆·霍普金斯说过："客户的抱怨是登上销售成功的阶梯。它是销售流程中很重要的一部分，而你的回应方式也将决定销售结果的成败。"是的，抱怨是客户的专利。

即使你的售前还是售后服务非常到位，客户也免不了会抱怨。其实，客户的抱怨是件好事，它表示客户愿意跟你来往，愿意跟你做生意。而你也可以通过客户抱怨来改进你的产品或服务的品质，使你更能赢得市场。相反，不抱怨的客户才是真正的隐患。这些不提出抱怨的人会继续跟你做生意吗？

处理客户愤怒的第一步就是耐心、专心地听完客户的话，不要打断或插话，否则会使已很紧张的局面再度恶化。既然他们有话要说，那就让他们把话说完，也好立刻着手解决问题。如果实在憋不住非要说点什么，最好是顺着客户的话来说，帮他顺气。

这时推销员的一言一行都得掌握好分寸，稍有不慎就惹来更大的麻烦。这里介绍一些非常实用的技巧。其中之一就是关注客户愤怒的本身，而不是他恼怒的语言。客户也许会气咻咻地厉声质问："你们是从什么时候开始把客户不当人来对待的？"这话很明显是在寻衅，想大吵一架。推销员回答时可得非常小心点，可以礼貌地说："我们得罪了您，真是很抱歉。"

提问有助于让人们摆脱情绪化办事，使思维逐步转向。一般而言，愤怒的客户在被连问三个问题后就会恢复理智。

如果想在提问技巧方面做到精益求精，就必须多进行一些情景练习，边练边想怎样向愤怒的客户提问最得体。一个问题可以多准备几种提法，一个不奏效可再试试其他的。我们必须确保所提的问题不至于进一步激怒客户，而且所提问题必须有意义，使情况往好的方向发展。切记我们的提问要有助于消除客户的怒气。

如果面对的客户怒不可遏，两眼喷火，不管做什么都无济于事，也还要注意自己的言谈举止，不要忘记四周围观的众客都在看着，只要自己不表现得飞扬跋扈，他们一般都会理解。

第九章
活学活用，掌握更多的感观推销法

可以说，推销是 21 世纪的终极杠杆。伟大的成功只会青睐那些令人敬畏的市场商人，因为只有他们懂得善用推销这个杠杆。

"百万美元与碌碌无为之间的区别就在于推销策略。"其实，世界上很多成功的推销策略，都具有出奇制胜的特点。对于推销员来说，了解这些推销术很有必要，可以更好地帮助你修正自己的推销方式。更重要的是，这一切能启发你做成买卖，帮助你准备好明天的推销，并保证你最终实现自己的销售目标和人生目标。

人际交往中的 250 法则

在每位客户的背后，都大约站着 250 个人，这是与他关系比较亲近的人：同事、邻居、亲戚、朋友。如果一个推销员在年初的一个星期里见到 50 个人，其中只要有两个客户对他的态度感到不愉快，到了年底，由于连锁反应，就可能有 500 个人不愿意和这个推销员打交道。

世界著名推销大师乔·吉拉德把这种现象称作 250 法则，并由此得出结论：在任何情况下，都不要得罪一个客户。

当乔·吉拉德与客户接触时，不管自己内心产生何种想法，他都不会把情绪表露出来，他所关心的只是生意。客户对推销员而言，是这个世界上最重要的人，他们是推销员的衣食父母，置身于现在这个严密而现实的商业世界里，假如你无法发现这项事实，就没有资格谈论生意。

乔·吉拉德之所以把这种称为 250 法则，是有一定原因的。

在乔·吉拉德进入这个行业不久，有一天，他去参加了一个朋友母亲的葬礼，在进行葬礼仪式时，葬仪社的职员向现场的参加者分发印有死者名字和照片的卡片。乔·吉拉德以前就曾看过好几次，但却从未特别思考其意义，而当天他又产生了某种疑问，便询问葬仪社的职员："怎样决定印刷多少张这种卡片呢？"

那位职员回答说："这得靠经验。刚开始，必须将参加葬礼者的签名簿打开数一数才能决定，不多久，即可了解参加者的平均数约为250人。"

然后，一位服务于葬仪社的员工向乔·吉拉德买车，待一切手续完成后，乔·吉拉德问那位员工每次参加葬礼的人平均约多少人，他回答说："大概250人。"

又有一次，乔·吉拉德与妻子应邀参加一个结婚典礼，他问遇婚礼会场的经营者，一般被邀参加结婚仪式的客人人数，经营者回答："新娘这边约250人，新郎那边估计也250人，这是个平均值。"

你也许会认为一个终日躲在家中的人，不可能认识那么多人。但是，250人却是个平均值。

作为推销员，不管你对于每天接触的客户有何想法，这都无所谓，重要的是你对待他们的方法。你必须时时牢记，你目前从事的是生意，在做生意的时候，无论对方是故意开玩笑或是你所讨厌的人，都不能任意得罪，毕竟他们是有可能将钱放入你口袋的对象。

有时候乔·吉拉德会让客户帮助寻找客户，乔·吉拉德把一叠名片交给客户，告诉他："如果介绍别人来买车，成交之后，每辆车你会得到25美元的酬劳。"多数时候客户都乐意帮助他。

这种做法关键是守信用，即一定要付给客户你所承诺的报酬。乔·吉拉德的原则就是宁可错付50个人，也不要漏掉一个该付的人。

截至1976年，这个做法为乔·吉拉德带来了150笔生意，约占他总交易额的三分之一。乔·吉拉德付出了1400美元的费用，收获了75000美元的佣金。

认定成交推销术

著名营销大师法卡萨德的成功故事广为流传。他是使用"认定成交"推销心法的高手。但是法卡萨德刚出道时，各项条件都不足以让他成为一名杰出的推销员。

1984 年法卡萨德来到美国，在大都会人寿保险公司担任推销员，当时由于他的英文不好，加之还必须从头学习保险知识，前途可谓重重险阻。

但今天，法卡萨德不仅是大都会人寿保险公司的冠军推销员，也是百万富翁。原来，法卡萨德认定客户一定会买保险，结果是大多数客户都向他买了保险。他从不怀疑自己的推销能力或客户的购买意愿。"他非常专业。"法卡萨德的一位同事说："他从不咄咄逼人，不像一些让客户饱受压力的推销员。他会提出事实，引用资料，等到他介绍完保险计划之后，客户只有一个合理的结论，就是向他买保险。"

向企业界人士进行推销时，法卡萨德采用的"认定成交"推销心法，主要是诉诸理性。我们看看法卡萨德和托马斯两人讨论高级主管"保险计划"吧。

托马斯："如果你的事业伙伴东尼去世（法卡萨德从不假设谈话对象死亡），你的公司怎么办？一个公司失去重要支柱，蒙受的损失不亚于任何悲剧，这是造成公司倒闭的主要原因之一。我可以提供一个避免这种风险的保险计划。"

托马斯："我不知道本公司是否负担得起。"

法卡萨德："我建议你和东尼各投保三十万美金。万一你的伙伴去世，我们可以免税支付赔偿金。"

托马斯："这个保额太高了。"

法卡萨德："高吗？你和东尼的推销量加起来，每年高达六百万美金呢！以贵公司的情况，每一块钱的业绩里有多少利润？"

托马斯："以去年来看，每赚一块钱，利润大约是五分。"

法卡萨德："就是啊！六百万的百分之五正是三十万。这种商业保险可以保障你的利润。而且汤姆，不只是这样，这个保险让你贷款更方便。"

托马斯："哦？怎么说呢？"

法卡萨德："你想想，银行最关心的是什么？"

托马斯："当然是客户的偿债能力。"

法卡萨德："假设东尼去世，贵公司可能面临倒闭或破产。但是这个保险计划提供了保障，贵公司将有能力偿付一笔巨额贷款。"

托马斯："那我们要花多少钱？"

法卡萨德："可以说是不花钱的。贵公司付这笔保费，就像将款项转到另一个户头。因为你随时可以运用这笔保费。在参加保险后的第一个十二到十三年内，你可以运用扣除两年保费之后的累积金额作抵押贷款，其后可运用的金额会越来越高。"

托马斯："那么我每年付多少保费？"

法卡萨德："依照你的年龄计算，大约是每年毛利的百分之二点五到百分之三。"

托马斯："那几乎是一万两千美元！你知不知道我用这些钱投资，能够得到百分之五十的收益！"

法卡萨德："我知道你经营有方，我也相信你的投资可以有这种回收。但是，如果你的公司面临危机，保险公司给你的贷款是过去十二至十三年内已付保费总合扣除两年保费之后的金额，而保险公司只收百分之五的费用。"

托马斯："但是我一贷款，保额就会降低，对不对？"

法卡萨德："没错。因此，尽快还清贷款的重要性就在这里。不过，一旦贷款还清，我会附加一个条款，保障保险计划中的现金价值。所以，万一你或东尼发生意外，贵公司可以得到免税的赔偿金，而且价值等同于你的利润。这些利润还可以保障你的信用等级。不仅如此，万一贵公司面临危机，还可以动用保费质押贷款。怎么看都有利。"

回想一下，法卡萨德怀疑过托马斯的购买意愿吗？没有。托马斯也不曾怀疑这一点。难怪法卡萨德的客户说："法卡萨德说完话，你只有一件事可以做，买保险。"

"认定成交"推销心法简易有效，运用简单，没有风险。当你遇到推销瓶颈的，就可以采用这个方法，你会惊喜地发现，交易谈成了。

在你的推销经验中，可能经常出现这种情形——客户愿意成交，而你却毫不知情。客户已经准备要购买了，可惜你没有马上响应。如果你能抓住这个稍纵即逝的时机，向客户施加一点压力，也许你已经成交了。

当客户准备要成交时，只要你拿出一点点认定说服力，多坚持几下，你就会多赢得好几回合约。你也许不忍心利用客户的"弱点"，但是想想自己所扮演的角色，你的任务是成交。当一位深入了解产品、能准确掌握成交时机的推销人员，向客户进行温和而持久的游说时，只有意志力异常坚强的客户才抵挡得了。

华格罗是美国有名的推销员。他仔细观察了巡回马戏团的成功之道，并从中挖掘到极有价值的秘密。华格罗说，"我常想，为什么听了他们的招揽吆喝后，双腿好像不听使唤，直往售票口走去。"

的确，也许你就有过这样的经验，在那个时刻，背后似乎有一股无法抵挡的力量，推着大家往前走。本来还在考虑买不买票的人，一听他们的推销，不管有没有兴趣都会往售票口挤。

"后来我找出原因了。背后那股无法抵挡的力量，其实不是人们的自发行为，而是刻意制造的效果，人群后方真的有一群'太极推手'，他们混在人群后方，把大家往售票口推。当他们判断时机成熟的，便不着痕迹地把人群往前推。众人当然不知情，因此，也不抵抗，开始朝售票口前进，掏钱买票。这是极高明的推销术，他们掌握了人性的弱点。当客户考虑要不要掏钱时，恰到好处的推动力没有人抵挡得了。"

那么，华格罗有没有利用同样的推销技巧呢？"我没有真的去推客户。"华格罗说，"不过我运用了完全相同的原则。我知道推销员进行强力推销时，客户通常很难拒绝；我也了解每个人共同的弱点。所以，我每一次进行推销都尽量要求成交。当然我不会雇用马戏团的推手，我的推手不着痕迹、优雅，而且相当有效。"

自省，"省"些什么

自省是认识自我、发展自我、完善自我和实现自我价值的最佳方法。反思越深刻，发现自己身上的问题就越多，改正就有了明确的方向。因此，当推销员希望获得像原一平那样的成就时，不要忘记学习他成功的法宝——自省。发现自己、认识自己、加强进修，以便超越自己，创造佳绩。

"自省"是自我意识能动性的表现，是行之有效的德行修养的方法，也是改进工作方式的方法。自省就是要明白自己有哪些缺陷和不足，只要能认识到这些不足，就能找到克服这些不足的办法，把短处变为长处。

自省不仅需要对自己的情绪心理进行自省，对工作中的很多方面都需要进行自省。

推销大师原一平在自己策划的"原一平批评会"上，与会者及从很多方面对他提出的批评，这些都是他自省的内容。比如：

——你的个性太急躁了，常沉不住气；

——你的脾气太坏，而且粗心大意；

——你太固执，常自以为是；

——对于别人的托付，你不知拒绝；

——你面对的是各色各样的人，常识不够丰富；

——待人处事千万不能太现实、太自私，也不能耍手段或耍花招，等等

尽管以上这些批评，从原一平的性格到工作方式等，都毫不留情地给予

了严厉地责备，甚至让原一平感到无地自容。因为他从来没有想到过自己居然有这么多缺点，而今赤裸裸地站在大众面前，让他无处可逃。可是，他明白只有批评才会督促自己进步，因此，他极为珍惜每一次批评，每一次他对这些批评都仔细思考，直到完全消化为止。通过对自己的不足之处进行自省，原一平改变了自身的弱点，改进了工作方法，受到了客户的欢迎。

除了以上这些方面的自省外，原一平还通过对自己的生理缺陷进行自省，找到了克服不足的办法。

曾经，原一平因为自己矮小的身材懊恼不已，曾痛恨父母为什么他们没有把自己生得高大一点。可是，身材矮小是铁的事实，根本无法改变。后来他通过自省想通了，克服矮小最好的方法就是坦然地面对它，让它自然地显现出来。然后，把矮小的缺点变成自己的优点。

比如，经过思考后得出的 38 种微笑就是为了配合自己瘦小的身材。另外，他在和客户的沟通中还配上各种不同的丰富表情和动作，也是为了弥补身材不足的缺陷。他不但不忌讳自己身材的矮小，而且还以此自嘲，客户也被他的幽默所打动。正是因为原一平从各方面自省自己的不足，才找到了克服这些不足的办法。

原一平不仅反省不足，在成绩面前也会反省，提醒自己保持清醒的头脑。不得意忘形，冲昏头脑。在这方面，原一平就经常把他的成功归根于他的太太久惠。每当有了一点成绩，他总会打电话给久惠，向她道喜。

"是久惠吗？我是一平啊！向你报告一个好消息，刚才某先生投保了 1000 万元，已经签约了。"

"哦，太好了。"

"是啊，这都是你的功劳，应该好好谢谢你啊。"

"你真会开玩笑，哪有人向自己的太太道谢的？"

"哎哟，得了，得了。"

"我还得去访问另外一位先生，有关今天投保的详细情形，晚上再谈，再见。"

在原一平看来，自己取得的一些成功都离不开太太的支持，因此他从不居功自傲、趾高气扬，而是和妻子一起分享成功的果实。即便在得知自己获奖时也是对妻子充满了感激之言。

这一切也是原一平经过对自己的反思后得出的结论。他从原先那个目中无人、狂妄自大的人变成了懂得谦虚、谦让的彬彬有礼的受欢迎的人。

因为他体会出了"魅力"的含义，并且对英国名诗人丁尼森所说的"认识自己、尊敬自己、控制自己这三方面给生活带来巨大的改变"有了深刻的体会，他超越了自我，并且升华了自我！

注意一个推销员该有的形象

1. 推销员的步态要轻盈

走姿又称步态，走姿要求"行如风"，是指人行走时，如风行水上，有一种轻快自然的美。推销员每天都在和客户打交道，在与客户交往时，不但要有意识地把握坐与站，同时也要注意自己的走姿。

有经验的客户都会知道一个道理：有自信，有干劲的人，走路必然昂首挺胸，生龙活虎，相反，那些走姿散漫，有气无力的人肯定是缺少活力的人。因此，推销员的行走必须具有朝气，表现为优雅、稳健、敏捷的走姿，给人以美的感受，产生感染力，反映出积极向上的精神状态。

要养成精神良好的走姿，就必须克服不正确的走姿，因为不正确的走姿，很容易让人产生厌恶的情绪。比如走路脚掌朝外，迈"八"字步，摇摇摆摆，即使一个谦逊的人也让人产生傲慢的印象；还有迈出步幅过大会显得机械难看，或者步幅过小，像碎步，让人一看就心急；当然左顾右盼，或双目视地，身体不直等，也是不良的行走姿态。人要养成正确的行走姿态，要规范自己的行姿，走路需要做到以下几点：

头正：双目平视，收颌，表情自然平和。

肩平：两肩平稳，防止上下前后摇摆。双臂前后自然摆动，前后摆幅在30—40度，两手自然弯曲，在摆动中离开双腿不超过一拳的距离。

躯挺：上身挺直，收腹立腰，重心稍前倾。

步直：两脚尖略开，脚跟先着地，两脚内侧落地，走出的轨迹要在一条直线上。

步幅适当：行走中两脚落地的距离大约为一个脚长，即前脚的脚跟距后脚的脚尖相距一个脚的长度为宜，不过不同的性别，不同的身高，不同的着装，都会有些差异。

步速平稳：行进的速度应当保持均匀、平稳，不要忽快忽慢，在正常情况下，步速应自然舒缓，显得成熟、自信。

行走时要防止八字步，低头驼背，不要摇晃肩膀，双臂大甩手，不要扭腰摆臀，左顾右盼，脚不要擦地面。

当然我们的走路不能一直行走直线，在遇到变向时，也应采用合理的方法，体现出规范和优美的步态。当推销员与客户告别时，应当先后退两三步，再转身离去，退步时，脚轻擦地面，步幅要小，先转身后转头；当推销员给客户带路时，要尽可能走在宾客左侧前方，整个身体半转向宾客方向，保持两步的距离，遇到上下楼梯、拐弯、进门时，要伸出左手示意，并提示请客人上楼、进门等。如果在前行中要拐弯，推销员要在距所转方向远侧的一脚落地后，立即以该脚掌为轴，转过全身，然后迈出另一脚。即向左拐，要右脚在前时转身，向右拐，要左脚在前时转身。

2. 推销员的站姿要优雅

站姿也是推销员职业素养的一种体现。站姿良好能给人朝气蓬勃的感觉，让人与之打交道感到心情愉快；而一个弯腰斜肩的人，处处显示出颓废的姿态，给人一种无力的感觉，因此也让人不放心与之合作。老人们常说："站有站相，坐有坐相。"怎样衡量一个推销员的站姿呢，其实也是三个字"站如松"。就是说，推销员的站姿要像青松一样挺拔。要做到这一点，一定要克服那些不良的站姿。

常见的不良站姿表现为：弯腰驼背，不但有损健康，而且显得人无朝气；还有手的位置不适当，破坏站姿的效果，如：双手抱头、手托下巴、双手抱于胸前、肘部支撑于某处、双手叉腰、插在衣袋或裤袋里；还有脚法不当。双脚内八字站立或一只脚蹬在别一只脚的鞋帮上，或者踏在其他物体上。当然，似坐非坐，似立非立，歪歪倒倒等坏习惯都必须克服。

推销员有属于自己的标准站姿：

1. 常态站姿。正确的礼仪站姿是抬头、目视前方、挺胸立腰、肩平、双臂自然下垂、收腹、双腿并拢直立、脚尖呈V字形、身体重心放到两脚中间；也可两脚分开，比肩略窄，将双手合起，放在腹前或背后。

2. 背手站姿。即双手在身后交叉，右手放在左手外面，贴在两臀中间。两脚可分开也可并列，分开时，不得超过肩宽，脚尖展开，两脚夹角成60度，挺胸立腰，收颌收腹，双目平视。这种站姿优美中略带威严，易产生距离感，一般用于门卫和保卫人员。如果两脚改为并立，则突出了尊重的意味。

3. 叉手站姿。即两手在腹前交叉，右手搭在左手上直立。这种站姿，男性可以两脚分开，距离不超过20厘米。女性可以用小丁字步。即一脚稍微向前，脚跟靠在另一脚内侧。除保持正确的站姿外，男性两脚分开，比肩略窄，将双手合起放于腹前；女性双腿并拢，脚尖呈V字形，双手合起放于腹前。这种站姿端正中略有自由，郑重中略有放松。在站立中身体重心还可以在两脚间转换，以减轻疲劳，这是一种常用的接待站姿。

4. 背垂手站姿。即一手背在后面，贴在臀部。另一手自然下垂，手指自然弯曲，中指对准裤缝，两脚可以并拢也可以分开，也可以成小丁字步。这种站姿，男性多用，显得大方、自然、洒脱。

以上这几种站姿密切地联系着岗位工作，若在日常生活中适当地运用，则会给人们挺拔俊美、庄重大方、舒展优雅、精力充沛的感觉。这些标准站姿怎么训练呢？首先，应该学习一定的礼仪知识，通过理论学习后，还要在生活中加以训练。利用每天空闲的时间练习20分钟左右，效果将会非常明显。其一是贴墙直立。背着墙站直，全身背部紧贴墙壁，然后后脑勺、肩、腰、臀部及脚后跟与墙壁间的距离尽可能地减少，让你的头、肩、臀、腿之间纵向连成直线。其二是头顶书本。也就是把书放在头顶上行走，不要让它掉下来。那样，你会很自然地挺直脖子，收紧下巴，挺胸挺腰。

要拥有优美的站姿，还必须养成良好的习惯，长期坚持。站姿优美，身体才会得到舒展，且有助于健康；若看起来有精神、有气质，别人也能感觉到你的自重和对别人的尊重；并容易引起别人的注意力和好感，有利于社交时给人留下美好的第一印象。

3. 推销员的坐姿要稳重

推销员坐的要领是稳重，所谓"坐如钟"就很好地描述了这种状态。要做一个有素质的人，在入座的时候一定要文雅，不要弄得桌椅乱响；在坐下的时候，坐姿要挺，不要东倒西歪，坐下后两腿之间不能过于叉开，显得很放肆；当然整个过程中，也不能随便搬动椅子。如果在正式的场合，请不要把椅子坐满，不要整个人陷在沙发里。一般来说，我们可以采用如下标准坐姿：

1. 正襟危坐式。又称最基本的坐姿，适用于最正规的场合。要求：上身与大腿，大腿与小腿，小腿垂直于地面，都应当成直角。双膝双脚完全并拢。

2. 垂腿开膝式。多为男性所使用，也较为正规。要求，上身与大腿，大腿与小腿，皆成直角，小腿垂直地面。双膝分开，但不得超过肩宽。

3. 双腿叠放式。它适合穿短裙子的女士采用。（或处于身份地位高时场合）造型极为优雅，有一种大方高贵之感。要求：将双腿完全地一上一下交叠在一起，交叠后的两腿之间没有任何缝隙，犹如一条直线。双腿斜放于左右一侧，斜放后的腿部与地面呈45度夹角，叠放在上的脚尖垂向地面。

4. 双腿斜放式。适用于穿裙子的女性在较低处就座使用。要求：双膝先并拢，然后双脚向左或向右斜放，力求使斜放后的腿部与地面呈45度角。

5. 双脚交叉式。它适用于各种场合，男女皆可选用。要求是：双膝先要并拢，然后双脚在踝部交叉。交叉后的双脚可以内收，也可以斜放，但不宜向前方远远直伸出去。

6. 双脚内收式。适合一般场合采用，男女皆宜。要求：两大腿首先并拢，双膝略打开，两条小腿分开后向内侧屈回。

7. 前伸后屈式。女性适用的一种优美的坐姿。要求，大腿并紧之后，向前伸出一条腿，并将另一条腿屈后，两脚脚掌着地，双脚前后要保持在同一条直线上。

8. 大腿叠放式。多适用男性在非正式场合采用。要求：两条腿在大腿部分叠放在一起。叠放之后位于下方的一条腿垂直于地面，脚掌着地。位于上方的另一条腿的小腿则向内收，同时脚尖向下。

一个人拥有良好的坐姿，不但有益于身心健康，还会给人以修养良好，诚信可信的感觉。每个推销员都应该从现在做起，为自己训练出稳重的坐姿。

虚心地向他人学习

很多推销员或者从事其他行业的人看到原一平奋斗成功的事迹后都会感到惊奇：为什么一个其貌不扬、甚至品性顽劣的原一平能取得事业上的成功，他为什么有那么多独特而巧妙的方法，不论何种类型的客户都能被他说服呢？

这的确是令人感叹的。如果我们对原一平进行分析，就可以看出，其实原一平的成功并不仅仅是缘于他自己独自奋斗，敢打善拼，更为重要的一点是，他善于从优秀的人身上学习他们的优秀之处，因此才站到了一个高起点的平台上，进而脱胎换骨，涅槃重生。

1. 向上司学习

为了改变自己身上那些弱点和缺点，磨砺优秀的品质，加强人格的修养，人要自觉地以上司为师。

在明治保险公司，总经理阿部章藏是原一平的领导又是他的恩师，他待人宽厚严于律己。因此，原一平经常自觉主动地向阿部总经理学习，因此，他的推销工作也受到了总经理的大力支持。

在阿部逝世后，原一平又为自己找到新的学习榜样小泉校长。

小泉校长曾在他的名著《我的信条》上写道："一个身心成熟的人，必须对自己言行的结果负责。一个事后推卸责任的人，身心是未成熟的。"他是这样说，也是这样做的。当阿部常务董事带原一平去见小泉校长，请求他写介绍信之时，虽然最后小泉校长答应得有点勉强，但他是位一诺千金的人，一旦答应之后，就会非常热心地帮忙。他积极地去翻查名片簿和同学录，把他熟悉的朋友和学生都介绍给原一平。

小泉校长那一丝不苟、追求完美的处世态度，确实是原一平成长中最好的学习典范。从小泉校长的身上，原一平学到很多的东西。那就是任何事情都不能敷衍了事、马马虎虎，而要认真负责到底。

为了多向小泉校长学习，原一平一有机会就去拜访他，即便小泉校长告诉过他不用刻意跑来，只要打个电话就会把介绍信寄给他。可原一平的真正目的是借拿介绍信的机会当面聆听小泉校长的教诲。

小泉校长确实给了原一平很多教诲。不论从做人上还是从工作方法上。他曾告诉原一平：原老弟，你是从事与"人"的关系最密切的寿险行业，所以必须重视每一个认识的人。要与每一个认识你的人建立长期的友谊，唯一的方法就是去喜欢别人，喜欢别人会使对方产生信心，所以你要像喜欢自己一样去喜欢别人。小泉校长虽然从未教原一平如何去推销保险，但是，他教会原一平认识自己，改造自己，喜欢自己，控制自己，最后有效地把自己推销出去。

2. 向同事学习

原一平不仅向品德高尚的上司学习，向睿智的大学校长学习，而且还注意向身边的同事学习，即便是那些表现不突出甚至有些平庸的同事，也是他学习的对象。因为在他看来，业绩差的同事在其他方面也有优秀之处，只有傻瓜才单单从自己的经验中获得教训，智者则学习别人的经验。因此，即便对那些差劲的同事，他也注意学习，以便吸取他们的教训，不犯同样的错误。

对此，原一平说：两年来，围绕在我四周的，有优秀的推销员，也有差劲的推销员，但他们都是我的老师，使我这个初上京城的乡巴佬有许多收获，诸如：人与人之间的相处之道——与客户、与同事关系，并体会到"组织"对一个企业的重要性。

3. 向妻子学习

原一平的妻子久蕙是有知识有文化的妇女，对原一平的帮助很大。她每天读报纸、杂志时，若发现有参考价值的资料，都会用红笔特别划出，以便丈夫晚上返家后阅读。此外，倘若电视上报道与工作有关的消息，她也会记下来向原一平报说。

原一平意识到妻子比自己水平高，于是他放下大男子意识，主动向妻子求教。

曾经，为了学到一流的推销技术，他请久蕙扮假客人，刻意安排各种推销的场面，然后他躲在暗处观察。把自己无法克服的推销难题让久蕙讯问一流的推销高手。借着这个机会，原一平在暗处虚心地观察并倾听那位高手的应变态度与面谈技巧，同时也反省自己的不足之处。

等那位高手离去之后，原一平按照高手的方法重新表演时，妻子就成了他的严师，对他不到位的动作、语气以及各种技巧等指出并纠正。对此，原一平充满无限的感激。他真诚地说："就在妻子严格地指导下，我的推销技巧日益纯熟。"

别让这些行为害了你

有些推销员业绩上不去，不受客户的欢迎，同事的认可，却不明白是为什么。如果是这样，就需要看清自己，反省自己。

1. 无动于衷型

我们可能每天都会遇到这样的人，他们对什么事情都敷衍了事，即便是握手也很随便，随便应付一下，没有丝毫热情。因此，有人形容和这样的人握手就好像是手里握着一条死鱼般的感觉。如果推销员在和别人握手时让对方产生了这样的感觉，就很不妙，说明你也是敷衍了事类型的人。

如果是这样，就要改变自己对工作、对他人的态度，唤醒心中的热情和热忱，否则，永远不会给人好感，给人信任。

2. 缺乏耐性型

有些推销员性子太急，永远匆匆忙忙，慌慌张张，似乎永远都有做不完的工作在等着他们，这些既是缺乏耐性也是工作方法不对头的表现。

如果推销员自己表现得急三火四，没有耐性，客户就会想：他们不是真正关心我的生意，而是关心他自己的事情。既然这样，客户通常会这样回答："既然如此，等下次你不忙的时候再说吧。没关系的，我反正不急着要这个东西。"这就等于下了逐客令。

客户是上帝，对于推销员来说，一切要围绕着他们的安排来做决定，而不能以自我为中心，想让他们什么时候做决定就什么时间做。因此，如果你是一个没有耐性的推销员，注定是一个失败者。

3. 自以为是型

在任何生意成交之前，一般都会经过意见分歧这个阶段。有的推销员在拒绝后的客户重新又找自己做生意时，竟会说出这样的话："看见没有，我告诉过你的，你终归是要买我的产品的。不是吗？"以此显示自己的英明正确，客户愚蠢；或以此显示自己的至高无上，好像客户是来求自己一样。这都是推销的大忌。

即使自己判断正确，也不能在客户面前表现得趾高气扬。此外，在和客户谈判中出现分歧后，也要表现出友善的态度，因为这会使你免去许多不必要的麻烦，人要学会谦卑地做生意。

即便生意按照自己的期望成交之后，也应祝贺客户说："先生，我很高兴您做了正确的决定，很荣幸您给了我为您服务的机会。"然后，握手向他致谢礼貌地离开。

4. 旁观型

多数推销员会错误地认为，自己向客户介绍完产品后，他们会主动购买，因此只是静静地等待客户做出反应。但是原一平认为：大多数人都有购买的惰性，也许是因为涉及金钱的缘故。因此，如果此时推销员旁敲侧击，客户就能克服自身的惰性购买产品。

在精心准备推荐活动时，应当设计好几种成交的方法。如果第一次努力没有取得成功，下一次努力还可以产生较好的效果。

5. 过于势利型

在购买成交之后，有些推销员会骤然离去，还有些推销员在客户签下了订单或是支付了订金的那一刻，便立即结束了与客户之间的谈话，匆忙地撕下订单的复本给客户。然后，清点一下订金及查看客户是否在支票上签了名，把支票小心翼翼地收到口袋里，就风风火火地离去。

这其实都是一种很不专业的处理方式。面对推销员的这种行为，有时客户会因此而取消订单。这是因为推销员的态度不佳会使客户产生一种无法信任你的感觉，而他们怀疑你能提供完善的售后服务，他们会觉得你在乎的只是那份订单。

为此推销大师原一平告诫推销员，在成交之后应该与客户交谈 15—20 分钟。之后推销员应该礼貌地询问："请问您还有没有任何事情要和我讨论？如果没有，我就要离开了。以后如果您还有其他问题，请您打电话给我。谢谢您，再见。"

6. 独行侠型

有一类推销员个人单打独斗的能力很强，可是一旦需要他们配合团队行动，就表现出过于争强好胜，突出自己、不配合他人的行为。他们认为，推销就是一场与客户之间的战争，根本就不需要与别人合作，更不需要团队精神。实际上这是一种错误的想法，也是影响人际关系和工作效率的致命伤。

一个推销员能否成功地进行推销，主要取决于自身的推销能力，但是如果把推销看作只是推销员个人的事就变得非常狭隘了，因为没有一个人是万能的。没有任何一项工作是可以自己完成的，即便是自己一个人拜访客户，公司和同事在其他方面是给了自己很大的支持，更不用说在产品推销的过程中有时还需要一唱一和、黑白脸互相配合来完成。因此，这种类型的推销员需要加强团队协作精神。

可以为自己找一个好的搭档，与自己的特长互补，即包括能力、特点、性格等方面。双方都要友好互帮，主动发现问题并及时纠正，帮助对方改进。另外在推销过程中，一旦发现自己的搭档出现异常状况，就要挺身而出，出来打圆场。当然，值得注意的是不要为了利益而合作，也不要合作中太过计较，否则再好的搭档也会分崩离析。

避免或者改正以上这些错误行为，会有助于自己工作顺利，心情愉快，较好地达到成交的目的。